북중남미 여행일기 4

메일과 수필

배인환 글

서문

미국 11개월, 중남미 5개월의 장기간 외국 여행을 다녀오게 되었다. 이러한 여행은 오늘날에는 보편화된 감이 있지만 그래도 나에겐 뜻있는 여행이었다. 이 여행은 순전히 소라를 만났기 때문이었다. 나는 팔자가 사나워 2002년 6월에 상처를 하고 외로웠다. 2005년 가을에 아는 시인의 출판기념회에서 그녀를 처음 만났다. 그 후 2008년 1월에 그녀를 다시 만났다. 그때부터 가까워져서 그녀를 따라 미국에 갔다. 장기 여행이었다. 처음 미국에 간 2008년 8월부터 6개월 간 애리조나 주 피닉스에 거주하면서, 애리조나 · 뉴멕시코 · 캘리포니아 · 네바다 · 유다 · 콜로라도 주 등, 미국 서남부의 중요한 관광지를 돌아다녔다.

두 번째 미국에 간 2009년 9월부터 5개 월 간은 미국의 동부 · 뉴잉글랜드 · 오대호 주변 · 애팔래치아 산맥 · 조지아 주 · 동남부 해안 · 플로리다 · 미시시피 · 루이지애나 · 텍사스 주를 두루 여행했다. 그 후 뉴멕시코 · 유다와 애리조나 주를 다시 둘러보았다.

그리고 2010년 2월 3일부터 멕시코 한 달, 3월 3일부터 브라질과 아르헨티나 40일, 4월 한 달은 칠레, 5월은 볼리비아, 6월은 이번 여행의 하이라이트인 페루 여행을 마치고, 7월 1일부터 한 주는 에콰도르의 키토에서 보내고 귀국했다.

여행에 관한 한, 나 같은 초급 수준인 사람에게는 장기간 여행은 즐겁기도 하고 힘이 들고 보람도 있고 위험하기도 했다. 또 경비와 시간이 많이 들었다. 그러면서도 경비와 시간의 부족을 절실히 느꼈다.

이 소중한 경험을 기록해 누기로 했다. 처음 생각은 단순한 여행기로 쓰려 했으나 그게 쉽지 않았다. 단순한 기록으로 그칠 것 같았다. 그래서 내 생각이 쉽게 녹아 들어가는 느낌과 감상을 겸한 일기를 택했다.

일기가 딱딱한 여행기에 정감이 어린 정서를 끼워 넣을 수 있다고 판단했기 때문이다. 그러나 원하는 대로 되지 않았다.

이 일기를 쓰면서 객관적인 정확성을 기하려고 많이 노력했다. 정확성을 기해야하는 사실에 대해서는 유적지의 선전문에 그치지 않고 지식의 보고인 위키 백과를 위시한 여러 자료를 참고한 점을 밝혀둔다. 여행기인만큼 천연

색 사진으로 하고 싶었으나 비용이 너무 많이 들어 포기하고 흑백사진으로 만족하기로 했다.

이 여행기는 4권으로 되어 있다.

1권은 책제목이 『피닉스』로 1차 미국서남부 여행기이다.
2권은 책제목이 『그라운드 제로』로 2차 미국 여행기이다.
3권은 책제목이 『마야와 잉카』로 중남미 여행기이다.
4권은 2009년 2월부터 8월까지 소라와 떨어져 있으면서 그녀에게 보낸 메일과 북남미를 여행하면서 쓴 수필 일부이다. 책제목이 『메일과 수필』이다.

여행을 다녀온 것이 2010년 7월초인데 시일이 너무 많이 걸렸다. 여행을 시작할 때부터 일기를 쓰기 시작했으니까 만 6년이 걸린 셈이다. 재주가 부족한 점을 통감했다. 언어의 장벽도 큰 장애요인이었다.

2014년 봄
진악거에서 글쓴이

제 4권 메일과 수필 서문

처음 미국 여행을 6개월 하고 귀국해서 9월에 다시 미국에 2차로 여행하는 공백기에 소라에게 보낸 메일이다. 메일은 내가 보낸 것을 주로 실었다. 이유는 간단하다 내 책이기 때문이다.

7월 이후의 메일은 내가 챙기지 않아서 없어진 것이 많다. 2월부터 시작하여 5개월 간의 메일로도 충분히 둘의 생활과 그리움이 표현됐다고 생각한다. 실제로 쓰고 보낸 메일이라 낯 간지러운 내용도 더러 있다. 가족에게는 이 책은 주지 않고 보지 말도록 말 할 것이다. 그리고 여행기간 동안 쓴 수필도 싣기로 했다. 이것으로 미국과 중남미 여행기를 끝내고자 한다. 이렇게라도 썼으니 다행이다. 메일 부분은 들여쓰기를 하지 않았다.

2014년 가을
진악거에서 글쓴이

CONTENT

〈메일 1〉 My dear 소라

소라! 비행기는 정시에 무사히 도착했어요. 당신을 홀로 두고 떠나는 마음 괴로웠어요. 잘 참고 견디리라 믿어요.
서울에 도착하자마자 당신에게 메일 보내려 했는데 준이, 린이와 노느라고 지금 보내요.
준이는 린이와 희정이, 수진이와 마트에 갔어요. 서울에 오니 대기가 얼마나 오염되었는지 알겠고, '피닉스가 새삼 좋은 도시구나' 하고 생각했어요.
또한 당신이 얼마나 소중한 사람인지 알게 되었어요. 옆에 당신이 있는 것 같은데 없네요.
소식 자주 전하겠어요.

2009. 2. 5 /환

〈메일 2〉 My dear 소라

대전에 내려가요. 준이가 깨면 매달리니까, 깨기 전에 가야돼요. 대전 집에는 작년 8월에 인터넷을 끊어놓아서 한밭도서관에 가서 메일 보낼 게요. 가능할지 모르지만. 못 보내면 적당한 시간에 문자로, 문자로 안 되면 전화로 연락할 게요.
스페인어 회화를 좀 더 쳤어요. 첨부 파일로 보내겠어요. 기침은 이제 완전히 나았어요. 도라지가 좋은가 봐요. 양 총무가 제 기침 때문에 걱정했는데 알려 주려고요.
누군가 가족을 물으면 당당하게 이야기하세요. 당신 당부대로 차 조심, 길 조심, 건강 조심, 술 조심 하겠어요. 당신이 잘 지내서 고마워요.

2. 7 /환

〈메일 3〉 My dear 소라

작년의 사진첩을 꺼내보았어요. 추억이 담긴 사진이 많았어요. 참 많이 다니고 많은 사진을 찍었구나! 하고 생각했어요. 자주 보 게 될 것 같아요. 내일 당신의 썬 글라스를 고치겠어요.
오늘은 비가 내리네요. 당신은 지금쯤 꿈나라에 있겠지요. 늘 운전 조심하고 건강하세요.

2. 8 /환

〈메일 4〉 My dear 소라

오늘은 할머니 제사라 하루 종일 제사 준비하고 지냈어요. 이제 제사가 끝나 친척들이 가고 메일을 써요.
좀 쌀쌀하기는 했지만 날씨가 화창했어요. 그곳 날씨도 좋겠지요.
병원 보험관계가 해결될 것 같다니 반가운 소식이군요. 하루 빨리 해결되도록 기도할 게요.
아직 집수리는 안했어요. 3월 20일 경에 할까 해요. 내년에는 당신이 차나무(시낭송 모임)에 오시겠지요. 스페인 말로 인사하는 법을 첨부파일로 보낼게요.
건강해요.

2. 10 /환

〈메일 5〉 My dear 소라

사진이 참 잘 나왔네요. 남주씨도 행복해보이고요. 당신의 얼굴에는 슬픔이 조금 있지만 역시 행복해 보이고요. 환은 가슴을 잔뜩 펴고 있네요. 고 선생은 '누가 더 잘 생겼나 봐라' 하고요.
차 보험 건이 해결되어 잘 되었습니다. 당신은 아직 양말을 못 신을 텐데……. 다리는 좀 괜찮은지요.
조금 있으면 나아질 거예요. 사랑하는 사이니까 그리움은 항상 있겠지요.
'나는 소라가 있는 사람이다' 하고 늘 생각해요.
그러면 외로움이 없어져요. 혼자 있었을 때는 정말 외로웠어요. 이제 당신이 있으니까. 불면증도 다소 없어진 듯해요.
잠을 잘 자요. 당신도 잠을 잘 자기를 바랍니다.

2. 11 /환

〈메일 6〉 My dear 소라

소라! 하루 잘 보내셨어요.
기차를 타고 대전에 오면서, 미국에서 당신과 했던 여행을 회상해봤어요. 벌써 즐거운 추억이네요.
이곳은 일요일 10시 20분입니다. 한밭도서관에 걸어 가서 당신에게 mail을 보내요. 걸어오고 걸어가는 것으로 운동은 충분.
내일은 월요일이라 메일 보내기가 어려울 것 같아요. 도서관이 휴관이거든요. 대신 전화를 드릴 게요. 목소리가 듣고 싶으니까.
그리고 내일 아파트건 알아볼게요. 알아보고 소식전하겠어요.
당신은 지금 토요일 밤인가요. 오늘 무엇 하셨어요? 궁금해요.

2. 14 /환

〈메일 7〉 My dear 소라

잘 하셨어요. 앞으로는 친 손자 하나, 손녀 하나, 외손자 둘 이라고 하세요.
아침에 일어나면 희정이가 밥을 차려주어요. 밥상을 받으면서 당신이 귀국하면, 일 년에 몇 번이라도 이렇게. 같이 밥상을 받으면 좋겠다는 생각을 했어요. 당신은 참 기뻐할 텐데……. 하고 생각해요. 아마 그렇게 될 거예요.

다만 당신의 결벽증이 완화되면 좋겠다는 생각도 해요.
남주씨는 고 선생과 참 재미있게 사네요. 그러나 너무 부러워 마세요. 우리가 더 좋은 짝이니까.
지은이 생일이 제가 귀국하는 날이어서, 지났지만 밥 사주러 가요. 비록 돼지고기를 먹지만 지은이는 아빠가 사주는 고기를 잘 먹어요. 당신도 같이 가면 좋을 텐데…….
많이 활동하시고 재미있게 시간을 보내셔요. 건강하시고요. 운전 조심하세요. 또 소식 전할게요.

2. 15 /환

〈메일 8〉 My dear 소라

mail은 첨부로 보냅니다. 여기는 사람들이 많아 흘끔흘끔 쳐다보기 때문입니다. 화원에는 꽃이 많습니다.
봄이 오는 듯 하네요. 우리는 떨어져 있는데 사랑은 더 깊어만 가네요.

2. 16 /환

〈메일 9〉 My dear 소라

쑥뜸은 아무나, 아무데나 하는 것이 아닌데 괜찮겠어요. 하고 싶으면 약하게 하세요. 아주 약하게
당신을 혼자 놓아두니 물가에 어린아이 앉혀놓은 것 같아 마음이 놓이지 않네요.

2. 18 /환

〈메일 10〉 My dear 소라

LA의 디즈니랜드! 생각만 해도 즐거워요. 그 때 당신은 10대, 환은 20대였어요. 그 스릴 넘치는 놀이기구를 무서운 줄도 모르고 탔으니 말이지요. 사진들이 다 멋이 있어요.

김 추기경은 87세에 선종하신 것 같아요. 인공호흡기를 거부하고 존엄사를 택했다는군요.

내일 대전에 내려가요. 토요일에 양창환 수필가 자혼子婚이 있고요. 대전에 가서 글도 쓰고 싶어요.

환율이 또 올랐어요. 1,527원 이예요. 당신은 운 좋게 많은 이익을 보는 거예요.

축하해요.

미국을 떠날 때 황망 중에 이별의 인사도 변변히 못하고 와서 미안해요. 당신이 준 모자도 못 가져왔어요. 그리고 화장실 왼쪽 벽에 치약이 2개 있을 거예요. 당신이 쓰세요.

소식 전할게요.

2. 19 /환

〈메일 11〉 My dear 소라

오늘 〈전원에서〉 모임 갖고 한밭도서관에 왔어요. 오는데 30분 걸리고요. 집에 가는데 20분 걸려요. 산책하기에 적당한 시간이지요. 물론 산책이 목적이 아니라 당신에게 메일을 보내기 위해서지만. 자리가 없어서 30분쯤 기다렸어요.

저는 토요일까지 대전에 있어야 해요. 어제 충치 하나를 치료했고요. 금요일 오전에 미국에서 아팠던 이 치료를 치과에 예약해 놓았어요. 어금니를 치료해야한데요. 앞니로 식사를 했더니 많이 달았다나요. 너무 많이 달면 신경이 노출되어 이가 시리답니다.

나이가 드니까 육체가 어쩔 수 없이 무너져요.

그리고 토요일에는 친구 아들 결혼식이 있어서 가야해요. 오후에나 올라가려고요.
Travel Arizona는 보내지 않으셔도 돼요. 비슷한 책 한권 가지고 왔으니까 그걸 보려고요.
그래요, 의자는 하나 사셔요. 간편한 것으로 사셔요.
당신 몸을 잘 돌봐야해요. 청소는 어떻게 해요. 환이 해주어야하는데…….

2. 20 /환

〈메일 12〉 My dear 소라

한밭도서관에 와서 mail을 씁니다. 지금 시간은 9: 40분.
좋은 선물 고맙습니다. 그런데 어디로 부치셨나요? 당신 선물 그렇게 할게요. 잠옷과 7부 진 바지. 환은 당신 말을 잘 듣습니다.
요즈음은 하루하루가 즐거워요. 당신에게 mail을 주고받으니까요. 당신이 보내주신 사진은 서울 가서 봐야할 것 같아요. 여기서는 잘 안 되는군요.
〈전원에서〉는 잘 치렀어요. 당신이 이곳에 있으면 더 재미있었을 터인데. 내년부터는 그렇게 되겠지요.
당신 집 앞의 한밭수목원이 가끔 생각나요. 가보고싶기도 하고요. 꽃이 피면 가보고 사진도 찍어서 당신에게 보낼 게요.
치과는 세상에서 가장 가기 싫은 곳이지만 건강하게 살려면 가야지요. 갔다와서 메일 보낼 게요.

안녕

2. 22 /환

〈메일 13〉 My dear 소라

오늘은 보문산 등산합니다. 김밥을 싸왔습니다. 당신에게 배운 솜씨로.
전화 고마웠어요.
치과에서 2시간 치료받았어요. 금으로 씌운답니다. 신경치료는 안 받았지만 아프긴 했어요. 단골치과라 좀 싸게 해주었어요. 그래도 3개에 90만원입니다.
어제는 김영희씨와 정상순 선생, 양태의 총무와 만나서 저녁을 먹었어요. 당신이야기, 우리의 사랑 이야기를 많이 했어요. 참 잘 됐다고 하더라고요. 김영희 작가가 당신을 무척 좋아하는 것을 알았어요. 당신 칭찬이 너무 한 것 같아 당신 흉 조금 봤어요. ㅎㅎㅎ 미안.
어젯밤부터 비가 내리네요. 가뭄은 조금 해결될 것 같아요. 날씨는 좀 음산하네요.
당신이 만든 음식이 먹고 싶어요. 특히 오이김치가 먹고 싶어요.
여행과 산책에서 먹던 오이가 그리워지네요.
몸 건강하세요.
또 소식 전할게요.

2. 24 /환

〈메일 14〉 My dear 소라

수다를 떨었지요. 당신 마음이 예쁘고 한결같다는 점. 저 같은 사람을 선택한 바보라는 점. 여자의 허영심도 약간은 있다는 점. 예를 들면 피닉스 백화점에 갔을 때 좋은 물건 갖고 싶어 했는데, 못 사주어서 미안했다는 그렇고 그런 이야기였어요.
당신만 너무 추니까 샘났던 거예요. 당신의 마음에 그리움을 심어놓았으니 그 점은 제가 책임져야한다는 이야기도 했어요. 그랬더니 감탄했어요. 어때요? 나 멋있지요?!

어제 비가 오더니 꽃샘 추위이여요. 쌀쌀하네요. 그런데 공기는 무척 맑아요. 가슴으로 신선한 공기가 들어오니까 상쾌해요. 가뭄해결은 안되었지만 TV 화면에서 본 강원도 발왕산은 눈꽃의 축제였어요. 정말 아름다웠어요.
당신과 같이 봤으면 좋았을 걸.
송 목사 부인에게 시 전달을 했더니 답장이 왔어요. 굉장히 바쁘신 모양이에요.
꼬리곰탕 끓이는 구수한 냄새가 나네요. 태우실까봐 걱정.
몸을 보하세요.

2. 26 /환

〈메일 15〉 My dear 소라

소라! 스페인어 요일을 첨부파일로 보낼게요. 오늘은 domingo(도밍고 일요일)입니다. 그곳은 sabado(싸바도 토요일)이지요. 내일은 월(month)을 보낼게요.
외우지는 마세요. 복사를 해서 파일로 만들어 갈게요.
어젯밤에 서울에 왔더니 준이와 린이가 얼마나 좋아하는지 몰라요. 막 매달리고 까불고 그랬어요. 당신에게도 그 애들이 매달리는 것을 봤으면 좋겠어요. 손자, 손녀는 정말 예뻐요. 잘 생기기도 하고 예쁘기도 하지만 그 이상의 무언가가 있어요.
서울 아파트 화단에 있는 매화꽃이 피었어요. 향기가 진동해요. 꽃샘추이 인데도 꽃은 피네요.
내일 모래가 희정이 생일이라 저녁이나 사줄까 해요. 당신은 오늘 무얼 하실래요. 항상 차 조심, 길 조심 하셔요. 인디언 축제 사진 잘 보았어요. 의상이 더 화려해진 것 같았어요.
여보, 다시 소식 전할 게요.

3. 2 /환

〈메일 16〉 My dear 소라

그래요. 갔다 온 곳이라 그 영화를 선택해서 봤어요. 늘 마음에 피닉스가 제2의 고향처럼 느껴져요, 당신이 지금 있는 곳이라 더욱더 그렇지요. 쿠바는 안 가도 좋아요. 당신이 안가도 된다면 그렇게 해요. 상류에서 아마존 강에 갈 수 있는 곳은 페루와 볼리비아에서 갈 수 있는데. 볼리비아의 루레나바께가 가장 인기 있는 곳이랍니다. 경비가 저렴하게 들고 물건 값이 싸다더군요. 항공료가 반값이라는 이야기는 거리가 가깝다는 이야기도 될 것 같아요.
잉카 트레일을 하신다니 당신다운 생각이네요. 임이 가는데 환도 가야지요. LA에서 페루까지 비행기 값이 얼마인지 알아보세요. 한국에서 페루까지는 500만원이 든다는군요(롯데관광). 그리고 여러 나라를 갈려면 리마와 상파울루를 인 아웃으로 하는 항공권을 사는 것이 좋다는 군요.
오늘은 이 정도로 쓸게요. 소라! 안녕.

3. 2 /환

〈메일 17〉 My dear 소라

Engine Oil 잘 가셨어요. 차가 제일 중요해요.
좋은 Folding chair 구할 수 있도록 기도할게요. Love Poems는 당신이 보시고 나서 주셔도 돼요. 당신은 영문학자가 다되셨네요. 영미 시인들을 여럿 아시는군요.
플래그스태프 Flagstaff 근처까지 가신다니 걱정이네요. 그곳은 멀고 당신이 운전을 하다가 졸면 어떻게요. 졸지 않도록 조심하셔요.
지금 시간이 11시가 넘었는데, 준이가 옆에서 자꾸 방해를 해요. 지능이 트이는지 자지 않고 집요하게 물어요. '갈증'이 뭐냐고 묻고 '해결'이 뭐냐고 물어요. 설명하기가 참 어렵네요.
오늘 강화도에 있는 積石寺에 아들과 희정이 준이와 린이 이렇게 다녀왔어요. 사진을 몇 장 찍어왔는데 다음에 보내겠어요.
또 소식 전할게요.

3. 3 /환

〈메일 18〉 My dear 소라

출입문을 당신 앞으로 조금 당기고 열고 잠그세요. 그러면 쉬워요. 당기는 것이 중요해요. 알아볼게요. 다른 책이 있나 봐요. 그 책을 보고 mail 보낼게요. 브라질은 포르투갈 어 이고요. 멕시코, 아르헨티나, 칠레, 볼리비아, 페루는 스페인어가 공용어입니다. 스페인어를 조금은 알아야 될 것 같아요.
어제는 동호, 창수 선배와 영정, 경배 후배에게 귀국보고를 했어요. 조건상 교수는 얼굴에 피부병이 생겨서 못 나왔어요. 술은 석 잔 밖에 안 마셨어요. 당신 얘기로 시끄러웠는데 귀가 간지럽지 않으셨나요?
며칠 전에는 백화점에 갔어요. 4월 17일 선물로 무엇을 사서 보내나 알아보려고요. 무엇을 생각하고 있는지 맞추어보세요. 당신이 꼭 필요하고 그날을 기념하기 위해서 가장 좋은 거예요. 뭘까요? 아직 사지는 않았어요. 대전 롯데 백화점에 가서 사고 싶어요. 우리가 커플링을 산 곳이잖아요.
기대하세요, 다링.

3. 4 /환

〈메일 19〉 My dear 소라

첨부파일 보내는 것을 잊어먹었어요. 그래서 다시 mail 써요.
사진은 봄을 전하는 꽃소식과 적석사 사진입니다. 2008년도에 당신의 사랑을 얻기 위해서 노력한 것이 생각났어요. 참 많은 사진을 담아 보냈지요. 또 스페인어 〈월〉을 보내드려요. 월은 영어와 비슷한 것이 더러 있네요.
어제 갔다 온 강화도 적석사는 고구려 장수왕 때 지은 절이랍니다. 천축조사가 다섯 송이의 연꽃을 날려, 떨어진 곳에 절을 지었는데, 그곳은 붉은 연꽃이 떨어진 곳이라 처음에는 적연사赤蓮寺였다는군요. 거의 산꼭대기에 있었습니다. 낙조대가 유명하답니다. 날씨가 흐려 황홀한 일몰을 볼 수 없었어요.

지금 생각하니, 당신 운동화 밑창이 너무 닳아 바꾸어야 될 것 같은데, 한국에서 사서 보낼게요. 문수를 알려주세요.
이렇게 매일 mail을 보내면 한 권의 책이 되겠군요. 사랑의 소중한 기록이 될 거예요.
여보! 차 조심, 길 조심하세요.

3. 5 /환

〈메일 20〉 My dear 소라

당신이 Dr. King에게 가는 것에 대해서 걱정을 하면서 마음을 전하지 못해 미안했는데 벌써 갔다 오셨군요. 다친 다리가 좋아지고 있다니 다행이네요. 4. 29에는 더 좋아질 것입니다. Dr. King이나 Bob이 잊지 않고 환을 기억해 주니 고맙습니다. 미국에 있을 때와 같이 늘 감사하면서 지내고 있어요. 수지씨에게 벌써 답장이 왔어요. 『만재도 시편』 도 잘 받았다고 했어요. 그렇군요. 템피 Tempe를 떠날 준비를 해야 되겠군요. 늘 조심하시고 무리하지 마세요. 안전과 건강보다 더 중요한 것은 없어요. 당신은 혼자가 아녜요.
인사동은 아직 안 갔어요. 지금이 2시 40분이니까, 5시 반 쯤 가면돼요. 귀가 시간이 10시를 넘지 않도록 할게요.
여보! 잘 주무세요.

3. 5 /환

〈메일 21〉 My dear 소라

손자 손녀에 싸여 행복해도 당신 없인 김빠진 맥주이네요. 그러나 기다려야지요. 당신이 옆에 있어 김이 빠지지 않을 때를
그래요 혼자 있을 때 연구를 많이 하시고 위험한 곳은 가지마세요.
작년은 참 행복한 시간이었어요. 금년도 그렇게 될 거에요. 만남에서부터 시

작해서 영화감상, 식사, 수통골부터 시작한 산행, 대둔산의 개구리 울음. 참 웃음과 기쁨이 뒤범벅이 된 사건의 연속이었어요.
덕유산 산행과 곤돌라, 월출산 진달래꽃구경, 지리산의 계곡,
장가계 여행! 또 미국여행!
운동화는 제가 금년 10월에 당신에게 갈 때 사갈게요.

3. 5 /환

〈메일 22〉 My dear 소라

새벽에 일어나 당신과 주고받았던 이전의 메일을 보았습니다. 참 많이도 보내고 받았구나 하는 생각이 들었습니다. 연애도 참 속전속결이었구나 하는 생각도 들었습니다. 엉큼한 생각은 저뿐 아니라 당신도 많이 했구나! 하는 생각도 들었습니다.
맞지요, 소라.

3. 6 /환

〈메일 23〉 My dear 소라

혼자 집에 있으면서 〈엄마가 뿔났다(재방송)〉을 보았습니다. 얽히고설킨 인간관계, 활력소는 사랑이더군요.
4월 〈전원에서 시〉 보냅니다. 한 번 봐주세요. 번역 부분을 잘 봐주세요. 참고하겠습니다. 그리고 당신이 보내주신 사진 둘. 참 좋습니다. Dufy의 환상적인 그림, 일품이네요. 레이몽 페네의 사랑 이야기도.
스페인 어 시내관광 편을 첨부파일로 보냅니다. South America는 화장실도 유료랍니다.
오늘은 준이 유치원에 가볼 작정입니다. 내일까지 학부모들의 참관이 가능한데, 내일은 대전에 가야합니다. 모래가 이를 씌우는 날이기 때문이지요.
환율이 많이 떨어졌어요. 1,410원대 같습니다. 더 떨어질지도 모른답니다.

우리의 메일을 메모장에 복사하는 법을 배웠습니다.
작년 5월부터 8월 초까지 작업을 할 작정입니다. 전에는 일일이 프린트해서 다시 쳤습니다.
소라! 지금은 Flagstaff쪽에 가 계시는지요. 어디서나 차 조심, 몸 조심하세요.
또 소식전할 게요.

3. 7 /환

〈메일 24〉 My dear 소라

잘 운다는 것은 감수성이 예민한 거예요. mail을 열어보지 않기에 먼 데 가셨구나 하고 짐작은 했어요. 킹맨 시Kingman city의 모하비 박물관Mohave Museum에 다녀 왔군요. 먼 곳인데 하느님께서 살펴주셨어요. 물론 환의 영혼도 늘 당신 곁에 있지요.
준이의 유치원은 이화여대 부속 유치원인데 좋은 것 같았어요. 남자애 12명 여자애 12명인데요. 아침이면 가지 않겠다는 이야기는 안 해요. 옆에 있는 어린이집 다닐 때는 안 가려고해서 힘들었어요.
내일 대전에 가면 적당한 시간에 전화할게요. 당신의 아침시간에 맞춰서, 원고는 다음 월요일까지만 보시면 돼요. 우선 이렇게 소식전해요.
잘 주무셔요.

3. 8 /환

〈메일 25〉 My dear 소라

사진 잘 받아 보았습니다. 그리고 저장해 두었어요. 귀중한 자료가 될 것 같군요.
먼 길 갔다 온 다리는 괜찮으셔요. 환이 주물러 줘야하는데…….

3월 17일은 〈문학과 창작〉 시낭송일 이었는데 잊어먹고 나가지 않았어요. 그런 행사장도 좀 자제할까 해요. 꽃샘추위가 지나가더니 날씨가 확 풀렸어요. 햇빛은 나지 않고 꾸물댄답니다. 매화꽃은 만개해서 짙은 향기를 풍겨요. 그곳에도 많은 꽃들이 피었지요.

오전에 대전에 내려가서 시간이 되면 당신 오피스텔에 들려볼 작정입니다. 우편물이 많이 왔으면 가져와야지요.

오류동 Apart는 4월 6일 경에 수리하기로 하였습니다. 3일쯤 걸린 데요. 수리할 곳은 화장실과 주방, 전등, 거실바닥과 도배, 전기스위치 수도꼭지 등입니다. 방문은 흰 페인트를 칠한다는데 괜찮을지 모르겠어요. 누님은 그냥 두라고하는군요.

일전에는 당신이 덮으라고 놓고 간 비단 이불을 꺼내보았어요. 당신의 체취가 나는 것 같았어요. 그리고 다시 보자기에 싸서 잘 보관하고 있습니다.

당신은 오늘 무얼 하시나요. 너무 힘든 일은 하지마시고 몸 관리를 잘하셔요.

대전 내려가서 소식 전할게요.

3, 9 /환

〈메일 26〉 My dear 소라

이경우님의 남편, 김창흡 선생으로부터 메일이 왔어요. 주말에 서울 오신다는군요. 혼자일지 부부동반일지는 모르겠어요. 아마 바쁜 일로 오시겠지요.

Barb이 왜 남편을 따라 성도에 안간데요? 사랑하는 남편인데. 거봐요. 환은 위험한 남미에 연인을 위해서 간다지 않아요. 순전히 연인을 혼자 보낼 수 없어서…….

치과에 잘 다녀왔어요. 입안이 그냥 누렇군요. 황금으로. 월요일에 다시 점검하고 충치치료를 한데요. 이빨 때문에 큰 일이예요.

어제 기차를 타고 내려오면서 남미South America 책을 보았어요. 에콰도르 편을 보았는데, 가볼만한 곳이 두세 곳은 돼요. 하나는 아마존 강 탐험이구요. 또 하나는 갈라카스 섬입니다.
다윈의 〈종의 기원〉이 탄생한 곳이지요. 키토 라는 에콰도르 수도도 좋은 곳인가 봐요. 첨부물에 여행자 정보를 써놓았어요.

환율이 1,396원으로 더 떨어졌어요. 제가 귀국했을 때는 1,570원이었어요. 앞으로 어떻게 될지 알 수가 없네요. 오후에 당신 오피스텔 가볼게요. 원고 봐주셔서 고마워요.

목련꽃이 만개했어요.

3. 10 /환

추신; 사랑의 시와 그림, 사진 잘 봤어요.

〈메일 27〉 My dear 소라

좋은 호텔 숙소로 정했다니 다행이어요. 잘 잤어요?

어제 밤에는 비가 내렸어요. 비 때문에 막 핀 꽃잎이 지고 있어요.
TV에서 학하지구 아파트가 분양되었는데 3순위까지 7대 1이라고 해서 깜짝 놀랐어요, 전화해보았더니 그곳은 계룡건설에서 분양하는 곳이고 당신이 마음에 두고 있는 곳은 4월 15일 경이랍니다. 또 15일이 연기되었어요. 연기되고 도 연기되고 하네요. 그 때 가볼게요.

오늘은 날씨가 나빠(비가 올 것 같음) 집에 있을까 해요. 남미 여행책이나 보며, 부침이나 부쳐 먹으면서. 부침은 템피에서 연습을 해서 잘 해요.

이런 날은 한밭도서관에 가지 않고 동네 PC방에서 500원 주고 메일을 보내요.

당신이 놓고 간 당신의 sun glasses를 서랍에서 보았어요.
다음에 갈 때는 가져갈 가해요.

그럼 내일 다시 소식전하겠습니다.
안녕.

3. 11
환

〈메일 28〉 My dear 소라

사진은 오늘 서울 가서 볼게요. 메일을 볼 때마다 당신의 숨결이 느껴져요.
어제는 우리 아파트에서 최 시인을 만났어요. 이곳으로 이사 왔다면서 재혼한 부인과 있었어요. 좋아보였어요.
오늘 이는 뿌리만 남은 이에 기둥을 세웠답니다. 며칠 기다려보고 부작용이 없으면 씌운답니다. 기둥 값이 3개라 30만원인데 20만원만 받았어요.

부침은 택배로 붙일 수도 없고 혼자 먹었어요. 나중에 해드릴게요.
콜롬비아에도 유적이 있는데 치안이 불안정하데요. 첨부에 자세한 내용 적어 놓았어요. 보셔요.
가고 안 가고는 다음에 결정해요.

3. 12 /환

〈메일 29〉 My dear 소라

오후 4시에 서울 도착했어요. 원주민들의 성인식? 귀한 사진이네요. 잘 저장해 놓겠습니다.
콜롬비아에는 산 오스틴San Agustin 이외는 주목할 만한 곳이 없어요. 기차 안에서 브라질의 〈세계문화유산 순례〉을 보았어요.

> 유네스코 지정 세계유산 순례 가운데서도 가장 인기가 높은 브라질리아, 살바도르, 오린다, 이과수 폭포를 돌아보는 하이라이트 코스다. 모든 지역에서 1박만 하고 이동하기 때문에 천천히 돌아보고 싶은 곳이 있다면 1박을 추가해야 한다. 또 시간에 여유가 있다면 리우데자네이루에서 고도 오루프레투로도 발을 넓혀보자.

이렇게 쓰여 있어요.
브라질에서 관광을 마치고 아르헨티나로 가면 될 것 같아요. 이것은 정보일 뿐입니다.

그런데 남미는 dollar가 유통되나요. 그 많은 나라의 화폐를 다 어떻게 환전해요.

좋은 꿈꾸셔요.

3. 13 /환

〈메일 30〉 My dear 소라

진 7부 세이 백화점에 있어요. 딱 2개. 여름철이 아니라 다른 가게에는 없다더군요. 당신이 좋아할 타입 이예요. 그런데 허리 사이즈를 메일로 알려줄 수 없으시나요. 값도 적당하고 제 마음에도 들어요.

오늘 오후에 사위 차로 서울에 가요.
여보! 사랑해요.

3.14 /환

〈메일 31〉 My dear 소라

WBC(World Baseball Classic) 결승전이 오늘 LA에서 열려요. 한국과 일본이 붙습니다. 한국은 난리랍니다. 올림픽에서도 우승을 했는데 이번에도 우승 가능성이 보여요.

이 대회에서 한국과 일본이 4번 붙어서 2: 2인데 결승에서 다시 붙어 흥미가 더 진진하답니다.

〈문학과 창작〉에 보낼 시 2편 첨부파일로 보냅니다. 봐주세요. 2편 골라주세요.

South America는 유적은 안데스 산맥 쪽에 있고요. 큰 도시는 대서양 연안에 있는 것 같아요. 아르헨티나 쪽에는 부에노스아이레스, 멘도사, 이과수 폭포와 땅 끝 도시 우수아이아 등인 것 같아요.

스페인어, 호텔에서의 회화도 첨부파일로 보냅니다. 두번째 꽃샘추위가 찾아왔어요.

오늘 내일은 애들 봐야할 것 같아요.

오늘은 무엇 하실래요. 오늘 하루도 잘 보내셔요.

3. 14 /환

〈메일 32〉 My dear 소라

선물 고마워요. 〈동행〉 이라는 시가 일품 이예요.

WBC는 5대 3으로 졌지만 연장전까지 가는 명승부였어요. 그걸 보느라고 아무 것도 못했습니다.

sun rise song은 제목만 들어도 좋은 노래인 것 같아요. 좋은 수확이군요. 축하해요.

〈땡감에 대한 명상〉 고쳐주어 'Thanks, Sora.' 그대로 보낼게요.

〈전원카페〉에다 남미여행을 올려놓았어요. 회원들이 약 좀 오르게요.

남미에서는 꼭 가봐야 할 곳이 페루인 것 같아 당신에게 페루의 소개를 첨부로 보내요. 참고 하셔요.

그럼 잘 자요.

3. 15 /환

〈메일 33〉 My dear 소라

페루는 꼭 봐야하는 곳 같아요. 2번 가도 좋을 것 같아요. 당신의 따뜻한 손을 꼭 잡고 가는 여행!

중남미 문화에 대하여 알려면 마야와 잉카문화를 알아야 될 것 같아
백과사전을 찾아보고 우선 마야문화에 대해서만 적어 놓았어요. 첨부파일로 보낼 터이니 참고하셔요.

준이 린이가 오전에는 유치원 가니까 오후에만 보는 셈이에요. 누님과 같이 봐서 수월해요. 둘이서 아주 잘 놀아요.

Folding chair는 구하셨나요. 아직 안 구하셨으면 가볍고 튼튼한 것으로 구하셔요.
시집을 한권 내야겠어요. 서울 올라와서 산문집이나 시집을 매년 한권씩 내다시피 했는데
작년에는 연애하느라고 너무 바빠서 못 냈어요.

어두운 시절에 쓴 시라 어둡지만 제가 살아온 과정이니 정리해야 해요. 이해해 주세요. 조만간 시를(약 70편) 당신에게 보내겠습니다.
검토해주세요.

3. 16 /환

〈메일 34〉 My dear 소라

미국서남부의 록 아트: 세계에서 록 아트가 가장 많이 분포되어 있는 곳이 바로 사막인 미국 서남부이다. 애리조나 주를 포함한 7개 주의 록 아트 사이트site가 128군데, 멕시코와 캐나다와 다른 주엔 겨우 22군데 있다. 세계의 도처에도 조금씩 있다. 원주민의 독특한 문화이다. 문자가 없는 그들은 바위에 새겼다. 페트로글립(Petroglyph)과 픽토그라프(Pictograph)
신비의 예술, 고대인의 언어. 그들은 도자기와 유카yucca의 직물에도 새겨놓았다.

그들의 생활, 역사, 예술, 종교, 교육, 가장 중요한 전쟁이 록 아트의 주제이다. 원주민들의 춤과 노래도 전부 전쟁을 위한 것이다. 전쟁이 생존이었던 시기의 이야기다.
페트로글립(Petroglyph): engravings(조각, 판화)
픽토그라프(Pictograph): painting(그림)

오늘 공간시 낭송회가 있는 날이에요. 나가 보았더니 회원이 반으로 줄었어요. 6개월이란 세월이 참 긴 세월이네요. 환은 '춤추는 Rock art'를 낭송했어요. 회원이 적은만큼 바로 끝나고 뒤풀이 장소에 가서 저녁 식사를 했어요. 술을 마시는 사람이 많이 줄었어요. 경기침체 때문인지 건강 때문에 안 마시는지 모르겠어요.
그러나 제 이야기는 들어보고 싶어 해서 2차에 가서 담소하고 돌아왔어요. 그러니 안심하셔요. 오늘도 당신 자랑을 많이도 했어요.
물론 여보가 최초의 독자가 되어주셔야지요. '지당한 말씀인줄 아뢰오.'

haab는 영어사전에 안 나왔는데 마야사전에 나오는군요. 책이 무거우면 부치고 가벼우면 가지고 다녀요. porter가 책임질게요.

Folding chair를 사셨다니 다행이어요. 이경우씨 남편에게는 전화가 안 오네요.

이번에는 잉카문화 첨부로 보냅니다. 잉카도 다른 민족을 정복한 정복자이네요.

두서없는 글로 이곳 소식전합니다.

3. 17 /환

〈메일 35〉 My dear 소라

메일 잘 받았어요. 당신의 집중력이야 자타가 공인하는 건데 그만 정도로 괜찮지만 이젠 노년의 여유를 생각할 때이니 잘 조절하셔요. 눈이 많이 아플 때는 찬물에 세수를 하셔요. 좋아질 것입니다. 목욕을 하는 것도 좋고요.

국학자료원에 즉시 전화했습니다. 박지연씨가 이번 토요일 받아보게 조치한다고 했어요. 다음 주에는 받아보겠지요. 안 오면 또 전화하겠습니다.

619호 건은 1차 경고 하는 것이 좋겠어요. 사정이 어려우면 후에 봐줄 수도 있고 나쁠 것이 없어요.

이런 문제는 골치 아픈 문제가 아니고 해결해야할 문제입니다.

오늘 저는 이화여대유치원, 연대아동교육연구원, 캐나다문화원에 다녀왔어요. 4시경에 들어왔어요. 여러 곳을 다니니까 준이 엄마인 희정이 혼자 어려워요. 린이가 점심시간에 자주 자서 꼼짝을 못해요. 환이 옆에서 도왔답니다.

스페인어 회화를 보냅니다. 다음에는 중요 단어만 좀 보내면 될 것 같아요.

또 소식 전할게요. 좋은 꿈꾸세요.

3. 18 /환

〈메일 36〉 My dear 소라

준이와 린이는 캐나다 문화원에 영어 배우러 가요. 매주, 화 목 두 번 가요. 그날은 12시 10분까지 이대유치원에 가던가. 집에서 기다리면 희정이가 미리 와서 차로 린이에게, 준이에게 가요. 점심을 먹고 캐나다 문화원에 가요. 아이들 교육이 전쟁입니다.
캐나다 문화원은 사람들이 무척 많았어요. 한국 교육열을 한 눈에 볼 수 있는 곳이랍니다. 벌써 준이는 인기랍니다.

619호 건 편지 주시면 전달하겠습니다. 너무 걱정 마세요. 잘 해결될 것입니다.

중남미 아즈텍 문화는 중앙백과사전에 항목이 없어요. 브리태니커에도 없어요. inter-net에는 있는데 설명이 너무 지루해서 생략했어요. 그 정도로 아셔요.

오늘은 시 원고 퇴고를 합니다. 1주 후에 당신에게 전송할게요. 좀 많이 다듬어야하기 때문입니다. 새벽 4시입니다. 당신은 점심식사를 준비할 시간입니다.

원고 교정보느라고 수고 많으셔요. 그러나 그게 당신의 숙명입니다. 숙명을 위하여 화이팅!

3. 19 /환

〈메일 37〉 My dear 소라

당신에게 스페인어 회화 코팅해서 환의 2번 째 시집(외눈 안경알)과 일반우편으로 보냈습니다. 코팅했기 때문에 화장실에서도 볼 수 있습니다. 비용은 1,500원 우송료 4,000원입니다.

오늘 이경우님의 남편인 김창흠 선생으로부터 전화 왔습니다. 공항에서 전화한다면서 너무 바빠서 겨우 이제야 전화한다고 했어요. 못 만나고 가서 미안하다더군요. 두 분이 오셨답니다. 역시 잉꼬부부이네요. 미국 오면 샌프란시스코 들리라는군요. 고마웠습니다.

당신의 책〈경기도 모심는 소리〉 하권 100권 받아 두었습니다. 책 발간을 축하하고 축하합니다. 옆에 있으면 와인 한 잔 권하고 싶은데……. 오늘은 기쁜 일이 연달아 일어나네요.
당신이 보낸 꽃 사진(당신이 찍은) 잘 보았습니다. 애리조나는 천국이고 당신은 천국에서 사시는군요.
참 아름답네요.

그리고 A great ambition은 장엄하고 웅장하네요. 당신의 사진은 아기자기하고 속삭이는 것 같은데. 너무 좋아 양 총무와 강가람 시인에게만 전달했습니다. 여보! 건강하시고요. 바람이 너무 심하게 부는 날은 집에 계셔요. 바람나면 곤란 하니까.

3. 20 /환

〈메일 38〉 My dear 소라

당신 책인지라, 차마 열어볼 수 없었는데 열어서 확인하라는 의미로 알고 꺼내 보았습니다. 다 잘 나온 것 같아요. CD도 100개 온 것 같아요. 잘 보관하고 있을게요. 책 한 권은 내놓았습니다.

powwow는 당신이 많은 관심을 갖는 분야라 기대가 크겠어요. folding chair 가지고 가는 거 잊지 마셔요.

그럼 또 소식 전할게요.

3. 21 /환

〈메일 39〉 My dear 소라

powwow에 가실 거죠. 벌써 가셨겠군요. 좋은 결과 있으시길 빕니다.

저는 오늘 과천에 있는 미술관에나 가볼까 해요. 준이와 린이는 인천에 가서 자구 온데요. 아마 사위가 여행을 가나 봐요.
진해에 벚꽃이 피었다는 꽃소식이 날라오고요. 환율은 1,345원으로 떨어졌어요. 아직도 한국은 꽃샘추위랍니다.

나스카에 대한 칼럼이 책에 있기에 컴퓨터에 올렸습니다. 당신에게 보내니, 한번 읽어봐 주세요. 당신은 이미 갔다 왔으니까, 이해가 더 잘 될 것 같군요.

그 동안 써둔 시를 정리하느라고 바쁘답니다.

또 소식 전할게요.

3. 22 /환

〈메일 40〉 My dear 소라

날씨가 추워 고생하셨군요. 그 곳도 꽃샘추위가 있나요?
남미 여행은 아무래도 서부에 중점을 두어야 될 것 같습니다. 고적과 유물이 많은 것도 이유이지만, 당신이 좋아하는 인디오들의 축제(춤과 음악)가 그쪽에 많습니다. 에콰도르, 페루, 볼리비아, 칠레는 꼭 가야할 것 같습니다. 볼리비아는 가지 말까 했는데, 축제가 많군요. 남미 삼대 축제(첨부물 참조)의 하나가 그곳에서 열리는군요. 그리고 동부는 현대 도시를 잠깐만 보는 것이 좋을 듯합니다.

배낭은 어떤 것이 좋을지? 크기가 어느 정도야 할지? 모르겠어요. 이곳에서 사는 것이 좋을지? 어제 가게에 가서 값을 알아보면서 배낭여행 떠날 거라니까. 큰 걸 권하고요. 값도 쓸 만한 것은 10만원이 넘어요.

아니면, 미국에서 당신과 같이 살까요. 이곳은 새벽 2시 40분 당신은 10시 40분이겠군요.

inter-net에서 남미 3대 축제를 복사해서 옮겨놓았어요. 리오의 2월 카니발은 거리상 어려울 것 같고 아마 민속적이라기보다 현대화된 축제일 것 같아요.

좋은 소식 다시 보내겠습니다.

3. 23 /환

〈메일 41〉 My dear 소라

LA에서 김연아가 피겨 skating 일등을 해서 야단입니다. 꿈의 점수 200점을 돌파했다는군요. 207점…….정말 잘 했어요.
한국여자의 우수성을 보여주었습니다.

이번은 첨부 파일이 꼭 들어갈 겁니다.

잘 자요.

3. 24 /환

추신 : 메일 Re로 보내주세요. 그래야 기록하기 쉬워요.

〈메일 42〉 My dear 소라

당신에게 전화를 받고 say에 갈려고 할 때 지은이로부터 전화가 왔어요. 출발한다고요.

say에 달려가서 당장 진 7부를 샀어요. 당신의 허리 size는 78cm입니다. 마침 77이 있어 그걸 샀어요. 약간 늘어난 데요. 당신의 예쁜 hip선이 잘 나타날 거예요. 사다가 제 옷장에 넣어두었어요. 다음 목요일에 내려가면 롯데백화점에 가서 봐둔 속옷을 사서 같이 당신에게 붙일게요.
서울에 도착한 것은 밤 10시 경이었습니다. 한숨 자고 메일을 보내요.

mail을 저장해 놓았다니 Thanks, Sora.

3. 25 /환

〈메일 43〉 My dear 소라

Outlook express로 전송했는데 잘 들어갔는지 몰라 종전 방식으로 첨부물을 전송합니다. 남미는 음식 값이 쌉니다.

그리고 칠레, 페루, 에콰도르는 바다에 접해있어 당신이 좋아하는 어패류가 많습니다. 여관만 싸다면 좀 느긋하게 머물어도 될 것 같군요.

3. 25 /환

〈메일 44〉 My dear 소라

여보, 다행히도 남미는 여관비가 싸요. 물론 고급호텔은 비싸지만 별 3개짜리는 미국보다 훨씬 싸요. 호텔이름과 요금을 적어 놓았으니까 참고하셔요.

그리고 티티카카 호도 적어놓았습니다. 읽어보시면 이해가 될 것 같고요. 당신이 꼭 가보고 싶을 거예요. 페루 쪽에는 푸노 라는 도시가 있고요. 볼리비아 쪽은 라파스가 있어요. 라파스는 볼리비아의 행정수도랍니다.

오늘밤에 좀 늦어서 메일도 늦었어요. 술을 많이 마신 것은 아닌데 이야기가 길어졌어요. 좋은 하루되셔요.

3. 26 /환

〈메일 45〉 My dear 소라

당신이 보낸 사진과 말 재미있네요. 마침 좋은 사진이 와서 저도 전합니다. 마지막 사진이 너무 멋있어요.

3. 27 /환

〈메일 46〉 My dear 소라

제가 없는 동안에 인사동 보리수 시낭독회에서 많은 사람이 저를 찾았답니다. 그 동안 서울에 와서 정성을 다해서 쌓은 인간관계입니다. 그런 사람들을 뿌리치기가 참 어려워요.

당신이 귀국해서 서울 생활보다 대전에 있는 시간이 많아지면 자연히 뜸해질 거예요.

당신이 보낸 선물 좋아요. 디자인이 새 같기도 하고 동물 같기도 했어요. 그런데 제가 보낸 4. 17 선물은 아직 도착 안 한 모양이지요. 무슨 물건을 보아도 당신 생각을 먼저 합니다.
미국에 있을 때 돋보기의 필요성을 절실히 느꼈어요. 물론 한국에는 있지요. 당신이 그걸 생각해서 사셨다니 그라시아스Gracias입니다. 가지고 계셔요. 미국 가서 쓸게요.

송향숙씨로부터 ' love in christ'라고 메일이 왔어요. 수지씨와 미경씨는 재미있게 사네요.

〈다시올문학〉에 보낼 시 원고를 첨부합니다. 봐주세요.

야스타 마냐나Hasta manana. 또 소식 전할게요.

3. 28 /환

〈메일 47〉 My dear 소라

날씨가 봄 날씨로 돌아왔다니 잘 되었어요. 오계숙씨 남편은 어떤 분이에요. 기다리겠습니다. 첨부 파일은 당신이 좋아할 파일인데 inter net에서 복사해서 보냈더니 날아간 것 같습니다. 다시 처서 보냅니다. 쉽게 하면 이렇게 되는 경우가 많아요. 볼리비아에 가면 당신이 녹음할 것이 많을 것 같아요. e-mail 기능을 좀 바꿨는데 잘 될지 모르겠어요. 기능을 바꾸고 처음 보내는 메일입니다. 물론 아들이 e-mail회사에 연락해서 해주었어요. 이곳은 밤 7시 45분, 당신은 새벽이겠군요. 배낭은 시간이 있으니까 잘 생각해서 하겠습니다. 연락 주셔요. 당신 배낭은 그 정도면 됐어요.
잉카길 트레킹에, 지대가 높아서, 방한복은 필수랍니다. 내일은 먹을거리에 대한 첨부파일을 보내요. 하루 종일 집에서 원고정리하며 보냈습니다. 그리고 밤에는 인사동 시낭송회가 있어서 가야합니다.
좋은 소식 전하겠습니다.

3. 29 /환

〈메일 48〉 My dear 소라

오늘은 누님과 준이와 린이 보는 날인데 용산 전자상가에 가보겠습니다. 당신이 이야기한 〈서울 음향〉은 없다더군요. 114에 물었더니 안 나와 있데요.

전자상가에는 없는 것이 없으니까 알아보고 연락할게요. 사는 것은 그 후에.

당신이 관심이 많은 〈우로스 섬〉에 관한 글을 첨부로 보냅니다. 티티카카 호에는 우로스 섬 외에 타킬레 섬, 아민타니 섬(페루쪽), 태양의 섬, 달의 섬(볼리비아쪽), 시유스타니 유적이 있습니다.

이런 섬에 갈 때는 물과 음식을 좀 가져가야 되나 봐요. 당신은 지금 밖에 있겠군요. 그럼 또 소식 전할게요.

3. 30 /환

〈메일 49〉 My dear 소라

원고 잘 봐주었네요. Hohokam이 좀 이상했어요. 오늘은 키토의 축제에 대한 글을 첨부에 올리겠어요. 그리고 당신이 말한 수초위의 섬이 티티카카 섬에 있어요.
우로스 섬 이라는 섬인데, 당신이 말한 것 같아요. 내일 그 섬에 대한 글 보낼게요.

오늘 환은 캐나다문화원에 갔다 왔어요.
물론 연대, 이대도 가고요.
교수 식당에서 희정이와 식사를 하면서 당신과 ASU에서 식사하던 생각이 났어요. 그곳 분위기와는 많은 차이가 나지만, 이곳 대학식당도 훌륭하네요.

아이들이 어찌나 까부는지 정신이 없어요.
그럼 또 소식 전할게요.

부에나스 노체스Buenas noches.

3.31 /환

〈메일 50〉 My dear 소라

긴 메일을 두 번 보냈는데도 아무 소식이 없어 기분이 축 처져있었는데 3시 10분 전에 열어보니 당신의 메일이 있어 어찌나 반가운지! ㅎㅎ……. 어린애가 됐나 봐요.

오늘 용산 전자상가 가서 물어보았더니 6mm 비디오카메라용 필름은 소니 걸로 2,800~3,000원 이라는 군요. 환율관계로 일정하지 않데요. 당신에게 연락해보겠다고 말하고 왔어요.

그리고 당신이 말한 종로도 가볼게요. 종로 4가에서 3가 쪽이라면 알거 같아요.
우편물 영수증은 서울에는 없네요. 대전에 가서 찾아볼게요.

오늘은 쿠스코에 대한 글을 첨부로 보내요. 쿠스코는 잉카의 수도였던 곳인데 그쪽에 유적들이 많아요. 나스카, 마추픽추, 푸노, 아레키파, 티티카카 호도 있어요. 참고하셔요.

당신의 메일을 기다리느라고 만우절인 것도 모르고 지냈어요. 학교에서 근무했을 때는 아이들에게 많이 당했지요. ㅎㅎㅎ

또 소식 전할게요.

3. 31 /환

〈메일 51〉 My dear 소라

당신은 점심식사를 하실 시간이네요. 환은 새벽 4시 반. 〈인티 라이미〉 첨부에 올리고 싶어 늦었어요. 글이 좀 길거든요.

kokopelli 잘 알았어요. 행운과 풍성을 가져다주는 거군요. 십수리는 4월 2일이 아니고 4월 6일부터 3일간입니다. 따라서 내일 내려가요. 이빨 치료차 가요. 오늘은 캐나다문화원 가요.
6mm가 어느 정도면 사가지고 갈까요. 국산과 외제가 똑 같은가요. 당신이 사셨다는 옷은 잘 못 사면 그렇데요. 피부를 꼭꼭 찌른 데요. 야카가 아니라 알파카 털옷인데, '싼 것에는 라마의 털이 섞여있어 따끔거리며 착용감이 좋지 않다.' 라고 쓰여 있어요. 알파카 새끼털이 최고급이랍니다. 아주 좋데요.
어젯밤에는 world cup을 위한 남북한 축구가 있었는데, 종료 3분전에 가까스로 1:0 으로 이겼어요. 요즈음 체육이 효자네요.
남미의 서쪽 해안 국가들은 여관비도 싸고 음식도 싸니 6월까지 있지요. 거꾸로 멕시코, 브라질, 아르헨티나, 칠레, 볼리비아, 페루, 에콰도르 이렇게 하면 되겠어요. 남미는 6월이 겨울이라 더 춥다더군요.
Hasta manana(야스타 마냐나)

4. 1 /환

〈메일 52〉 My dear 소라

4월 17일 선물 우송했습니다. 제 손으로 여자 팬티를 골라본 것은 난생 처음입니다. ㅎ ㅎ ㅎ……. 외제라 좀 비싼 편입니다. 색깔과 디자인이 마음에 드실지 걱정……. ㅎ ㅎ ㅎ……. 일주일~열흘 걸린답니다. 나 같은 남자 있는가 물었더니, 아가씨 점원이 노인들 중에 더러 있답니다. 노망한 늙은이들! 재미있지요.

오피스텔 다녀왔습니다. 세번 전화해서 관리비 한 달 분 받았습니다. 소장이나 직원들이 좋은 분들이었습니다. 우편물은 4덩어리인데 작은 걸로 2덩이 가져왔습니다. 나머지는 4월 9일에 가져올 작정입니다. 그날 전원 모임이 양 총무 댁이라, 오피스텔과 가까우니까
다녀오겠습니다.

남미여행에 대한 준비는 여유와 시간이 있는 사람인 환이 조금씩 하는 것이 좋을 것 같아 차근차근합니다. 당신 책 〈전원에서 4집〉 30권 가져다 놓았습니다. 필요하시면 우송해 드릴까요.

보고 끝. 내일 새 소식 전할게요.

여관 좋은 곳 정하시고 시간은 여유 있게 길 잃지 않도록 차 조심 길조심 음식 조심하세요.

4. 2 /환

〈메일 53〉 My dear 소라

작은 선물인데 당신을 기쁘게 해서 Muy bien(무이 비엔). 사실 pants는 롯데백화점에서 제일 비싼 거예요. 당신이 그 예쁜 팬티를 입고 있는 것을 보고 싶어요. ㅎㅎㅎㅎ
알파카 셔츠는 불량품은 피부를 꼭꼭 찌른답니다. 알파카 털이 찌르는 게 아니고 라마의 털이 섞여있으면 찌른 데요. 알파카는 좋은 털이랍니다. 대부분은 알파카에 양털을 조금 섞어 옷을 만든답니다.

오늘은 캐나다 문화원 가는 것을 수진이에게 시키고 환은 고종사촌 누님이 암으로 투병중이라, 문병가서 돈을 좀 드리고 왔어요. 혼자 독신으로 살고, 큰고모 딸인데, 큰고모님이 어머니보다 저에게 더 잘했어요. 큰고모님 생각이 나서 눈시울이 뜨거워져서 혼났어요.
시집 원고를 전송하고 대전에 가야할 것 같아요. 급하진 않으니까 천천히 봐주세요. 미국에 가기 전까지 내면됩니다.

4. 3 /환

〈메일 54〉 My dear 소라

시집 원고를 첨부로 전송합니다. 알집으로 보냅니다. 풀어서 보셔야 된답니다.

4. 4 /환

〈메일 55〉 My dear 소라

메일 잘 받았습니다. 원고를 아주 빨리 보셨네요. 지적하신 곳 확인하겠습니다.

당신이 이렇게 수고하셨는데, 좋은 시집으로 나오면 좋겠어요. 아직 좀 더 다듬을 작정입니다. 점심식사는 잘 하셨어요. 오늘은 고산병에 대한 첨부파일을 전송합니다. 남미는 지대가 높아 고산병으로 고생을 하는 것 같아요. 지난번 방문 시 고산병을 앓지 않으셨어요? 그 끔직한 병을 안 앓았기를 바라지만……. 미국에 고산병 예방약이 없나요. 한 번 알아보셔요.

오늘은 좀 일찍 대전에 내려가 치과에 들리고(원장이 오전만 진료) 교원신협에 가서 통장 정리하고 대전 세무서에 가서 돈을 좀 찾고(세금을 많이 냈으니 돈을 찾아가라는군요). 얼마를 줄지는 모르지만. 이런 일을 할 거예요.
또 소식 전할게요.

4. 4 /환

〈메일 56〉 My dear 소라

물가가 미국이 더 비싸요. 6mm 비디오 필름 알아보고 살게요.
당신은 역시 대단하군요. 그러나 자만은 금물……. 한국에도 고산병 약이 있는지 알아봐야겠어요.

어제 치과에 가서 이빨 본떴어요. 8일에 끝낸 데요.
치과원장(장수일)에게 Pomes of In-hwan Bae 1권 주었더니 굉장히 좋아하면서 그도 건강에 대한 책을 한 권 주었어요.

다음 대전 내려올 때 만재도 시편을 10권 가져다주기로 하였어요. 그는 책을 사서 다른 사람에게 주는 것이 취미랍니다.
환도 한때 우체국에 가서 책을 붙이는 것이 취미인 때가 있었어요. 그래서 당신과 인연을 맺게 됐지만. 다른 사람에게 책을 사서 붙여 준다는 것은 참 좋은 일이지요.

오늘은 아파트에서 물건을 좀 치우고 버리고 할 작정입니다. 허리 다치지 않도록 조심할게요.
Barb 집에 가서 재미있었어요? 다음에 그분들에게 안부 전해주세요.
양 총무가 〈11월의 손님〉 잘 번역해서 보냈어요. 영어도 잘 하나 봐요.

내일 소식 전할게요.

4. 5 /환

〈메일 57〉 My dear 소라

Buenos dias.혹은 Buenas noches.

서울에 당신이 보낸 Poems of Love가 도착했데요. 보고 싶군요.
당신은 연구 여행 중인가 봐요. 야카꽃이 아직 안 피었군요. 야카꽃이 많던 곳은 salt river가 아닌가요. 그곳은 길이 너무 험준하고 먼데…….운전 조심하세요.

배낭은 집에 있는 걸로 하겠어요. 중간정도의 배낭인데 적당한 것 같고 비올 때를 대비해서 커버(8000원 정도)만 사면 될 것 같아요. 배낭 커버가 있나요? 없으면 당신 걸로 하나 더 살게요.

동백꽃이 붉게 피었어요. 벚꽃도 피었고요. 한국도 참 아름다운 나라임을 새삼스럽게 느껴요. 당신이 옆에 없어서 좀 쓸쓸하지만.

어제 마트에 가서 새끼 조기를 사왔어요. 점심에 구어 먹을 작정이에요. 당신은 생선을 좋아하는데. 혼자 먹어 미안허유.

4. 6 /환

〈메일 58〉 My dear 소라

너무 무리하는 것 같아 걱정이여요. 욕심은 금물이라는 거 잘 알지요. 일정을 잘 조절하셔요.

환도 2번 전화했어요. 당신이 새벽 7시쯤 전화 받게. 안 받으셔서 화장실 갔나싶어, 8시에 다시 전화해도 안 받으셔서 CP에 문제가 있나했어요.

어제 저녁때(한국시간) 환의 CP보니까 전원이 꺼져있었어요. 바로 켜놓았는데, 시간이 어긋났나 봐요. 'I am sorry' 당신의 목소리 들으니 살 것 같아요.

업자가 와서 집수리를 시작했어요. 당신과 살 신혼집인데 고쳐놓으면 좀 나을 것 같아요. 오늘부터는 3일, 집수리하는 거나 봐야할 것 같아요.

봄 날씨가 화창해요. 또 소식 전할게요.

4. 7 /환

〈메일 59〉 My dear 소라

lover가 amante군요. amante를 아니 My를 모르겠네요. ㅎㅎㅎ……. 어쨌든 My amante! 당신이 건강하니 그게 제일 좋아요. 그리고 사막을 누비면서 연구에 몰두하는 당신의 열정이 정말 좋아요. 당신을 진정으로 알아주는 사람이 누구게?

salt bridge가 아름답긴 하지만 너무 멀고 험한 곳인데, 그곳을 혼자 가다니!

어제 작은 전기밥솥을 하나 샀어요. 당신이 귀국하면 새 밥솥에 밥해드리려고……. 환은 살림꾼이 다 되었지요.

비디오 필름은 그곳에서 해결하세요. 배낭의 크기를 알려주세요. 우의도 필요하지 않을까요? 저는 하나 있어요.
당신 걸, 이곳에서 사는 것이 좋겠어요. 운동화도 사야해요. 환의 운동화도 이젠 낡아서 하나 사야해요. 당신 발이 어느 정도인지 알려주세요.

집수리 관계로 집을 뒤졌더니 해 가리게, 멋진 양산이 하나 나왔어요.
가방에 들어가면 가져갈게요.

어제는 보문산 사정공원에 혼자 갔어요. 연인들을 여럿 보았어요. 그러나 부럽지 않았어요. 당신이 있으니까요.

경치가 너무 아름다웠어요. 사진을 몇 장 찍었어요. 서울 가서 전송할게요.

4. 8 /환

〈메일 60〉 My dear 소라

기발한 착상의 메일 받아 기뻐요. You are an idea banker.

어제 화장실 변기, 세면기, 욕조, 싱크대 등을 철거하는데, 먼지도 많이 나고 시끄러우니까. 일꾼들이 밖에 나갔다 오라고 해서 대청댐, 벚꽃 구경 갔다 왔어요. 벚꽃이 만개해서 아름다웠어요. 같이 간 시인은 정상순, 강가람, 상녁천, 환이에요. 양 총무는 모친과 어딘가 간다고 빠졌어요. 당신과 같이 다녔던 추억이 회상되었어요. 내 후년에는 당신과 벚꽃 구경할 수 있겠지요. 진달래도 피었어요.

저녁을 먹고 집에 오니까 먼지굴이에요. 다행히도 방은 먼지가 없었어요. 일꾼들이 불쌍한 생각이 들었어요.

당신발이 245 이군요. 배낭도 알았어요. A4용지로 말하니까 이해하기 쉽네요. 우비는 천천히 찾아보셔요. 남미는 돈 받는 화장실밖에 없다는데 맞아요. 어제그제는 커튼을 세탁했어요. 커튼이 길어서 빨래 망에 넣어서 세탁기에 넣어야 해요. 그렇게 하지 않으면 망가져요. 빨래 망이 9,500원이니까 세탁소에 가져가는 것보다 싸지요. 오늘 아침에는 시집원고를 한 번 더 읽어보고 좀 고쳤어요. 작업이 끝이 없네요.

비옷은 여기서 알아볼게요. 비싸지 않을 테니까. 운동화는 목이 짧은 것이 좋을까요. 긴 것이 좋을까요. 예쁜 것만 생각한다면 짧은 것이 좋겠지요.

619호 건은 17일 이후에 할게요.
오늘 〈전원에서〉 가요. 당신 이야기 많이 자랑할거예요. 바보라고 하면 어떻게 하겠느냐고요. 상관없어요. 바보가 되어주지요, 뭐.
우리 집은 먼지 천지, 오늘 장판이 끝나면 자리를 잡을 거 같아요.
어제 일꾼들 점심 사주었어요. 삼성아파트 뒤에 있는 묵은지 집에서요. 당신과 같이 갔지요. 돼지목살 김치찌개를 일꾼들이 좋아했어요.

4. 9 /환

〈메일 61〉 My dear 소라

그렇게 할게요. 목이 짧고 예쁜 걸로 살게요. 납세미, 미역국, 부추김치, 당신이 끓인 곰탕. 침이 꼴깍 넘어가요.
밤길 조심하셔요. 차에 기름이 있나 없나 잘 살펴보시고.

어제 둔산 우체국 가서 사서함에 오는 당신의 편지는 만년동으로 보내지 말고 삼성아파트로 보내달라고 했어요.(9월까지만) 그렇게 하겠대요. 잘했지요.

〈전원에서〉는 잘 다녀왔어요. 지난달에 안 나온 강가람 시인도 나왔어요. 시가 많이 늘었어요.
오늘 수리가 끝날 것 같아요. 도배를 해놓으니까 집이 훤해졌어요. 화장실과 부엌에 아직 더운물이 안 나와 면도도 못하고 샤워도 못했더니 말이 아녜요.
당신이 보지 않는 것이 다행이어요.
바쁠 때는 근처 PC방에서 메일 보내요. 걱정 마셔요.

4. 10 /환

〈메일 62〉 My dear 소라

어제 수리가 95% 완료됐어요. 그러나 아직 정리하고 치울 것이 많은데, 서울 아들 식구와 수진이가 밤에 내려왔어요. 준이, 린이가 어떻게 매달리는지, 행복한 피곤을 느꼈어요.
참 아름다운 시절입니다. 당신과 연애를 하니까 더욱더 아름다운 것 같아요.
오늘은 준이, 린이와 벚꽃놀이 가야해요. 당신도 꽃에 휩싸여있지요. 그곳 애리조나는 선인장 꽃이 한참이지요.

우편물은 우리아파트 경비에게 이야기 해놓았거든요.
책 정리를 하면서 환이 쓴 책 옆에 저번에 주신 당신이 쓴 책들을 꽂아보았어요. 당신의 책은 엄청 큰데 환 책은 조그마해요.
한참이나 바라보면서 당신을 그리워했어요.

4. 11 /환

〈메일 63〉 My dear 소라

바쁘게 보낸 하루이네요. 당신이 활동하시는 모습이 눈에 선해요.

고 선생님부부도 참 좋은 부부이네요. 송향숙씨는 Washington에 갔군요.

제 영시집이 우리의 사랑에 한 몫을 하네요. 미국에 사는 여러 사람에게 주어서 환 소개도 되고요. 처음에 이 책이 이렇게 쓰이리라고는 생각지 못했어요. 그러니까 남이 안 하는 일을 할 필요가 있어요.
그럼요, 환은 라가 민요연구가 라는 점이 자랑스러워요. 늘 자랑을 한답니다. 8불출 같이.

어제는 무주에 있는, 적상산 안국사에 다녀왔어요. 우리 준이가 절이 신기한지 이곳저곳 다니면서 보고 질문도 했어요. 마침 저녁 예불시간이라 안국사 큰 종을 스님이 치는 진풍경을 준이와 환만 보았답니다.
아마 준이의 머릿속에 오래 남을 거예요.

그런데 아이들과 있는 것이 늘 행복한 것은 아니에요. 준이와 린이가 감기가 심하게 걸린 데다 졸려서인지 땡캉을 부려 혼났어요.
오늘 아이들과 함께 서울 올라가요. 올라가서 당신 그림 볼게요.

4. 12 /환

〈메일 64〉 My dear 소라

어제 밤에 서울에 왔어요. 일요일이라 차들이 많이 밀렸어요.

당신이 보낸 소포를 제일 먼저 봤어요. 붉은 책표지의 Love Poems, 인디언 문양의 Kokopelli와 정성이 담뿍 담긴 American Bird Songs의 Tape. 새 이름까지 적어주셔서 잘 들을 수 있겠어요.
감성을 확대해나가는데 많은 도움이 될 것 같아요. Love Poems도 잘 읽어볼게요.
보내주신 사진도 잘 봤어요. salt river bridge와 단애의 아름다움. 푸른 산과 봄꽃들. 그곳은 봄이 빨리 오지요.
포효하는 강물이 선명하네요.

고산병 예방을 첨부로 보낼게요. 사진은 다음에…….

당신은 오늘 교회에 가시겠군요. 편안한 하루되길 빌어요. 환은 피곤해서 쉬어야할 것 같아요.

4. 13 /환

〈메일 65〉 My dear 소라

매일 같이 당신에게 메일이 오다가 안 오니 많은 걱정이 되네요. 오해를 하는 것인지, 아픈지, 그럴 리는 없지만 사고가 난 것인가 하는 나쁜 생각.
환의 표현이 잘못됐다면 미안합니다.
봄소식 사진 몇 장 보냅니다. 오늘은 원고나 보고 캐나다 문화원 가야할 것 같아요.

4. 14 /환

〈메일 66〉 My dear 소라

아 그러셨군요. 그러면 마음 놓으셔요. 그 원인은 Outlook Express에 있었네요. 이쪽에서는 다 열어보았는데 Outlook Express쪽에서는 안 열어보았더니 그렇게 된 것 같습니다.
안 열어본 것이 아니라 못 열어보았지요. 제 notebook을 대전에 가지고 내려가지는 않았으니까요. 대전에 있는 다른 사람의 컴퓨터에는 Outlook Express가 없습니다.
어째든 미안하게 됐습니다.

환은 하루가 멀다고 당신 메일을 다 열어봅니다. 서울에 있을 때는 수시로 메일에 들어가 봅니다. 한국에 온 이후에는 당신 메일 열어보는 재미로 삽니다. 제가 보낸 메일 내용에 당신의 메일을 읽어본 흔적이 있을 터인데요. 당신 마음이 아프지 않도록 연구를 해보겠습니다. 아! 편지내용에 '당신 메일 잘 읽었습니다.'를 꼭 넣어야 되겠네요.
이번 메일은 무슨 폭탄 내용이 들어있나 싶어 한 숨 자고 열어보았습니다.
진작 열어볼 걸 잘못했군요.

이제 마음 푸셔요. 그놈의 기계 잘못이네요.

4. 15 /환

〈메일 67〉 My dear 소라

April 11에 대한 답장을 Outlook Express로 보냈는데, 그쪽에는 이소라 로만 나와 shinbiro로 들어갔을지도 모릅니다. 열어보셔요.

Outlook Express쪽은 익숙하지 않아 애로가 많습니다.

dilemma에 빠진 환

4. 16 /환
* 안국사 사진을 첨부로 보냅니다.

〈메일 68〉 My dear 소라

남대문 시장, 동대문 시장. 눈부신 발전을 했군요. 사진술도 많이 발전하고요.

좋은 자료입니다. 잘 간직할게요.

다친 분들이 많네요. 그만 한 것이 다행이기도 하고요. 당신도 조심하셔요.

남주씨 부부가 떠나는군요. 좋은 시간 되셔요.

south mountain은 험하니까 쉬운 코스로 가셔요.
그럼 잘게요.

4. 16 /환

〈메일 69〉 My dear 소라

오늘이 4월 17일. 더할 수 없이 청명한 날입니다. 그곳도 날씨가 좋겠지요. 하느님께서 우리의 맺음을 축복해주는 것 같아요. 장가계와 같이 갔던 사람들도 생각났어요.

당신은 좋은 친구들이 늘 있어서 참 좋아요. 그 친구들을 저 세상에 가서도 가지셔요.
오늘 보문산에 갔었는데 산을 내려올 때 보니까 산이 어느새 파란색이에요. 봄바람이 놀라운 힘이 있다고 생각합니다.

당신에게 Tempe는 고향 같은 곳인데, 곧 떠난다니 많이 서운하시겠어요. 하긴 진짜 고향도 떠나야 해요. 떠난다는 것은 어쩌면 인간의 운명이에요.

갈라파고스 2를 첨부로 보냅니다. 그런데 비용이 너무 많이 들어요. 다 치지 않고 요약했어요. 읽어보셔요.

내일 다시 소식 전할게요.
오늘 환은 책 정리 집안 정리해요.

4. 17 /환

〈메일 70〉 My dear 소라

4. 17 을 맞이하여 Como esta(잘 지내십니까)? 환은, Estoy bien(잘 지냅니다)

민요를 5곡이나 채보하셨군요. 당신의 학문하는 열정에 박수를 보내요. 그러나 너무 무리하지마세요.

책도 많이 보시네요. 책보는 거야 학자의 기본이지만, 역시 너무 무리는 하지마세요.
오늘 저녁 당신이 집에 있을 때 전화할게요. 환도 당신이 보고 싶어요. 오늘 일꾼이 전기보러온대요. 방의 등수리가 아직 안 끝났어요. 이는 임시로 씌워놓았는데 상태를 보고 한달 후에 다시 체크한데요.
책 정리는 시간이 걸릴 것 같아요. 헌 잡지는 박스에 넣어 보관하기로 하였어요.
오늘 오후에 아파트 모델하우스에 들리고 오피스텔에도 가 볼게요.
편지도 편지함에 넣겠습니다.

내일 다시 소식 전할게요.

4. 17 /환

〈메일 71〉 My dear 소라

오늘은 즐거운 마음으로 메일을 써요. 라나 환이나 오해가 풀렸으니까. 그런데 아파트에 주차한 차도 견인해가나요. 누군가가 밀고했군요. 미국은 참 대단한 나라입니다.

우리 즐거운 남미여행으로 시선을 돌려요. 잉카길 트레킹을 첨부로 보낼게요. 즐거운 트레킹이 될 거 같습니다.

어제는 인사동에 갔다 왔습니다. 인사동 시편에 보탤 것이 없나 찾아보려고요, 그런데 인사동 좁은 골목에 웬 놈의 차가 그렇게 많은지 이해가 되지 않았습니다.

오늘 환은 아이들 보는 날입니다. 당신은 무얼 하셔요.
항상 좋은 일만 일어나도록 마음으로 빌겠습니다.

4. 18 /환

〈메일 72〉 My dear 소라

메일 잘 읽었어요. 그래요, 도난당하지 않은 것이 다행이지요. 잊어버려요.

당신의 저서 『모심는 소리』 하권을 우연히 세어보니 80권인데다 tape은 50개였어요.
그래서 어제그제 전화를 해서 "이렇게 일처리를 하면 어떻게 하는냐?" 라고 야단을 쳤더니, 더 보내주겠다고 말했어요. 그리고 오늘 책과 테이프를 받았어요, 이 사람들이 엉터리에요.

쿠스코의 태양의 축제가 열리는 사크사이우안만 유적에 대한 첨부를 보냅니다. 우리가 그곳은 가야하니까 읽어보셔요.

그럼 내일 또 소식 전할게요.

4. 19 /환

〈메일 73〉 My dear 소라

그래요. 당신도 떠날 준비를 하셔야지요. 남주씨가 너무 많은 것을 도와주셨어요.
남주씨가 아픈가요? 술을 좋아하는 고 선생은 요즘 어떻게 지내셔요. 두 분께 안부 전해주셔요.
당신이 만든 황기 넣은 영계탕이 먹고 싶군요. South Mountian 가실 때 조심하셔요.

국학자료원에 일과가 시작되면 전화해서 알아보고 전화할게요.
전화하면 바로 보내줄 거예요. 당신 주소를 모를지 모르니까 알려주어야 되겠어요.

오늘 환은 11사 반에 아이들에게 가서 점심식사를 하고 캐나다문화원에 갔다가 대전 내려가요. 이를 고정하고, 대전 집에 등 다는 것을 마무리 해야 돼요.
그럼 우선 간단히 소식전하고
전화한 후에 다시 메일 보낼게요.

4. 20 /환

〈메일 74〉 My dear 소라

South Mountian은 잘 다녀오셨나요. 지금쯤 식당에?
국학자료원에 전화했습니다. 알아보고 조치하겠답니다. 당신의 주소도 가지고 있다는 군요.

환은 조금 있다가 이화여대 유치원에 가야합니다. 이제 우리는 에콰도르로 떠나요. 다윈의 갈라파고스제도에 가야지요. 그곳 정보를 조금씩 쳐서 보낼게요. 남미에 가면 그곳은 가야할 것 같은데 어떠셔요.

당신이 반대하면 우겨서 가지는 않겠습니다. 그러면 대전 내려가서 메일 보냅니다.

4. 21 /환

〈메일 75〉 My dear 소라

집수리는 끝냈어요. 어제는 전기스위치를 교체했는데 그게 어려운가 봐요. 오후에야 끝났어요. 조금은 깨끗해져서 편하게 공부할 수 있어요.

아파트 모델하우스 전화했더니 5월 8일에야 open 한다는군요. 연기하고 또 연기하네요. 이 말이나 믿을 수 있을지.

당신 오피스텔 갔다 왔어요. 토요일이라 관리실에는 사람이 없어서 경비실에 이야기 하고 편지뭉치 하나 가져왔어요. 또 619호 편지함에 편지를 넣긴 했는데, 편지가 수북이 쌓여 가져다보지 않는 것 같아요. 헛수고를 한 것 같아 내일 다시 가서, 편지를 가지고 와서 내용증명(어떻게 하는지 모름)을 해서 보내야 될 것 같아요.

아무래도 619호는 골치 아플 것 같아요. 서울에 가서 동서(박수광)를 만나 상의해볼게요.

오늘은 갈라파고스 정보를 보냅니다. 읽어보셔요.

그럼 또 소식 전할게요.

4. 22 /환

〈메일 76〉 My dear 소라

어제 전화해주셔서 'Thanks Sora.' 전화 오기 전까지는 자꾸 침울해지는 거야요. 사랑과 질투가 범벅이 된 것을 알았어요. 당신이 바람피워도 아무렇지 않을 거라고 평소에 생각했거든요. 저도 어쩔 수 없는 속물이네요. 마침 막걸리를 사다 놓은 게 있어(일꾼들 주려고) 한 잔 마셨답니다.

오늘은 봄비가 내려요. 어제 무척 무더웠거든요.

6월 4일 인사동 차나무 시낭송회에서 낭송할 시는 미국에서 쓴 시로 하려다가 당신이 참석할 때 하기로 하고 두 번째 시집 〈외눈 안경알〉의 대청댐에 대해 쓴 시로 하기로 했어요. 내일 서울 올라가서 당신에게 메일로 보낼게요. 그 시를 치면서 환이 어쩔 수 없는 서정 시인임을 새삼 깨달았어요.
당신이 봐주셔요.

그래요, 619호 건은 관리사무실과 상의할게요. 이런 일은 환이 잘못하지만 라를 위해서 기꺼이 할게요.

갈라파고스 섬은 비용이 많이들지만 가야해요. 적어도 한국의 유명한 학자와 명색이 시인인데 에콰도르까지 갔으면서 안 간다면 말이 안돼요. 비용은 다른 데에서 절약해요. 가봐야 실망하겠지만.

김창흠 선생에게서 메일 왔어요. 유럽여행을 갔다 왔데요. 시 배달 고맙다더군요. 당신에게 안부 전하래요.
어쩐지 마음에 끌리는 분입니다.

4.23 /환
* 첨부 보냅니다.

〈메일 77〉 My dear 소라

April 19 메일 잘 봤어요. 그림은 서울 가서 보겠어요. 그래요. 소라는 환만을 환은 소라만을 사랑해요. 지고지순한 사랑이 되도록 우리 노력해요.

619호건, 관리사무소에 5월이 만기(들은 것 같아서)라는 이야기했더니, 당신이 직접 전화하시고 관리실에도 전화해주시면 조치하겠다고 하더군요. 제 3자가 해서는 소용없답니다. 619호가 그냥 계속 있으면 당신이 관리비를 내야 한다는군요.
그런데 8월은 어쩐 말씀이에요. 8월이 마감인가요. 당신의 메일 내용 알아보고 그렇게 할게요.

오늘 환은 12시 경에 올라가요. 어제는 봄비가 많이 내렸어요. 아직도 이슬비가 내려요. 올라가서 소식 전할게요.

에콰도르 여행 첨부를 보내요. 갈라파고스 여행은 우리 상의해서 해요. 당신이 좋다면 좋을 대로 할게요.

4. 24 /환

〈메일 78〉 My dear 소라

Sora

e-메일 잘 봤어요. 12시 반 차로 서울에 왔는데, 비는 내리지 않았지만, 구름이 잔뜩 낀 추운 날이었어요. 기차에서 Spanish를 보고요. 잘 안 외워져요. 또 South America를 봤어요. 에콰도르는 이만 good-bye(당신에게는 쳐놓은 것이 있어 몇 번 더 보냄)를 하고요. 페루 북부로 가야해요. 그리고는 wine과 해산물이 풍부한 칠레로.

대청댐 시편을 보낼게요. 봐주시고 솔직히 말씀해주세요. 발표가 곤란하다면 다른 것으로 준비해야해요.

619호 건 알아볼게요. 당신이 Tempe를 떠날 날도 얼마 안 남았네요.

먼 여정이 되겠어요. Utah. Wyoming(Grand Teton National Park), Idaho(Nez Perce National Historical Park), Dakota로. 김삿갓인가요, 황진이인가요.

여행 중에는 치밀한 계획과 주의가 필요해요. 미국은 어느 정도 치안이 안정됐지만, 남미는 치안이 불안한가 봐요.

남미 여행 정보는 내일 보낼게요.

4. 25 /환

〈메일 79〉 My dear 소라

물론이에요. 당신 메일이 왔다는 그 자체가 기쁨이지요. 매일 메일을 보내도 할 말이 있어요.

대전 가는 것은 5월초에 가야해요. 내려가면 510호 손소장 만나볼께요. 4월 27일 어머님 제사, 4월 29일 공간, 5월 1일 수진이 생일이거든요.

Utah에는 Salt Lake City와 Zion National Park가 있고요 Wyoming주에는 The Yellowstone and Grand Teton National Parks가 있고요. North Dakota에는 Grand Forks가 있네요. Rocky Mountains를 누비고 다니겠어요. 길이 험할테니까 특히 운전조심, 졸음방지, 당신은 잠을 잘 자지만 늘 조심, 기름은 미리. 잔소리가 심했나요.

하긴 Rocky 는 4,000m이지만 Andes는 6,000m입니다. 칠레는 해산물이 많고 치안이 안정되어있는 나라랍니다. 먹을 것도 많고(부산에서 자란 당신이 좋아하는 해산물) 여관비도 싸고 기후도 좋고 산과 바다가 있는 칠레에서 한

두 달 머물어요.

〈대청댐 시편〉 낭송해도 된다니 기뻐요. 시를 꼭 잘 쓰는 시인만 시인인가요. 시인답게 살며 꾸준히 써야 시인이지요. 그러다 보면 좋은 작품도 자연히 탄생되는 것이지요. 환은 시인답게 산다고 자부해요. over.

남미여행의 정보를 첨부로 보내요. 세계문화유산에 등록되어있는 쿠엥카에 가요.

그럼 내일 다시 소식 전할게요.

4. 26 /환

〈메일 80〉 My dear 소라

Dacota까지 수지씨와 동행하시기를 하나님께 빌겠어요. 좋은 분이고 말벗이 될 거니까요. 같이 가는 경우는 미리 돈을 공동으로 내서 쓰셨으면 좋겠어요.

환도 South America를 열심히 읽었더니 관심이 많아졌어요. 당신의 영향을 받은 거지요. 이왕 가야한다면 준비를 철저히 해서 많은 성과를 거두는 것이 경제적일 것 같아요. 친구 따라 강남 가는 격이지요. 다른 사람들이 부러워할 거예요.

이제 오담학교도 얼마 안 남았네요. 졸업선물을 주어야할터인데....

동서는(이렇게 불러도 되나요) 그 전에 만나보고요. 5월 5일 모임이 있어 환은 미리 내려가야 하니까. 대전에서 만나 model house에 같이 가볼게요. 619호 건도 상의해보고요. 그런데 처제는 좀 어렵네요. ㅎㅎㅎ

오늘은 에콰도르 쿠엥카 근교에 있는 잉카피르카 유적을 보러 가요. 잉카피르카는 잉카제국의 북부 지역을 관리하던 제 2의 수도 같은 곳이래요. 첨부할게요.

4. 27 /환

〈메일 81〉 My dear 소라

Lidia Simeonova 그림 잘 봤어요. 그림이 참 특이하네요.

Wild Rice를 먹는 Menominee 인디언 노래의 채보는 좋은 자료가 되겠네요. Wild Rice가 그렇게 많이 자라는 지역이 어디에요. 궁금하네요.

미용사가 시를 그렇게 좋아한다니 잘 주셨어요. 남주씨는 씨에틀로 가셨나요. Idaho주가 Washington West의 옆 주던데, 우리의 사랑을 태동한 그 호수도 보겠군요.
이곳 시간은 새벽 한시가 조금 넘었는데, 당신이 계신 곳은 9시가 넘었으니 어쩌면 외출했겠어요.

새로운 중요한 분들을 만난다니, 좀 떨려요. 아파트, 좋은 결과가 있어야 될 터인데.

〈꽃다지와 느티나무〉 시집은 계속 퇴고를 하고 있어요. 출판은 대전에서 할까해요. 서울은 너무 비싸요.

그럼 오늘은 '에콰도르 리오밤바 라는 도시에서 기차여행'을 떠나요. 환상적이에요.

4. 28 /환

〈메일 82〉 My dear 소라

Wisconsin주는 Lake Superior 남쪽에 있네요. Lake Michigan옆에 있어요. 5대호 지역이군요. 아마 4,000마일은 될텐데, 두 달은 잡아야 되겠어요. 너무 먼 거리인데......

투산과 플래그스태프의 축제가 그렇게 중요한가요. 욕심은 금물입니다. 환은 당신이 무사하기를 빌 뿐입니다.

꽃다지는 월년생 초본입니다. 월년생 이란 보리와 같이 가을에 싹이 터서 봄에 꽃을 피우고 열매를 맺고 사라지는 식물입니다. 이름도 참 예뻐요.

남주씨가 아프다니 걱정입니다. 오래 사셔야하는데
기차여행이 재미있을 것 같죠. Verde River를 기차여행하던 생각이 나요. 리오밤바의 기차여행은 그 보다는 훨씬 더 장관일거예요.

오늘은 페루 북부의 우아라스로 여행을 떠나요.

4. 29 /환

〈메일 83〉 My dear 소라

이생진 선생이 〈서귀포 칠십리 길〉이란 시집을 내시고 보내주셔서 시 한 편 첨부로 전송합니다.

귀국하면 제주도 가요.

4. 30 /환

*시 중 모슬포에 대한 이야기는 전쟁 중에 징집되었을 때 이야기 같습니다.

〈메일 84〉 My dear 소라

오늘은 mail을 3통이나 보냈네요. 박수광님께 어제 전화를 2번 했는데 통화가 안 돼, 오늘 일찍 통화했더니 받아서, 저녁 6시에 용산역 근처에서 만나기로 하였어요.

소주 한잔 하면서 이야기해도 되나요. 밥만 먹을까요. 술을 좀 한다고 당신이 말해준 걸로 아는데요.
1953년 3월 31일은 개인사적인 일 같아요. 백과사전을 찾아보았더니, 휴전은 1953. 7. 27 이구요. 43사건은 발단이 1947. 3. 1 봉기가 1948. 4. 3 이네요.

당신의 학술탐사는 일정을 넉넉하게 잡고 무리를 하지 말 것 입니다.

소개하는 곳을 다 가자는 것은 아니에요. 우아라스 근교가 가볼만한 곳이 있어요. 차차 소개할게요.

오늘은 박수광 동서를 만난다는 것이 가장 큰 news입니다.

4. 31 /환

〈메일 85〉 My dear 소라

어제 저녁에 동서와 소주 한 잔 들고 왔어요. 술을 잘 하셔서 바로 의기투합했어요. 봄비가 촉촉이 내려 술이 댕기는 날이었어요.

당신이 South Mountain에서 다쳤다는 이야기는 못했어요.

환의 시집을 가지고 나가려다 비가 와서 대전에서 드리기로 하고 당신의 글이 실려 있는 〈아름다운 동반〉을 한 권 드렸어요.

지인이 처제는 요즈음 증권이 조금씩 올라 미국에 가기가 어려운 처지 같았어요.

애리조나에는 짐 붙이러 갈 때만 가셔요. 그 판단은 잘 하셨어요. Smith Sonian Institution건은 물 건너 간 거 같아요. 그러니 미련이 남지만 포기하시고 그냥 Washington. D.C에 일정 기간 가서 연구해요. 시기가 나빠서 그런 거니까. 미국의 실업률이 사상 최대라지 않아요.
오늘은 환이 잔소리가 좀 심하네요. 그렇지만 당신을 위한 충고랍니다. 오늘은 우아라스 주변에 있는 빙하호 리앙가누코 호로 여행을 떠나요.

다시 소식 전할께요.

5. 1 /환

〈메일 86〉 My dear 소라

네, 맞아요. 우리는 격의 없이 소중한 시간을 가졌어요. 지인이 처제도 그렇게 맞이할게요.

아파트는 큰 평수로 하실 거죠.

책은 서울 집 말고 대전 집으로 붙이는 것이 좋을 것 같아요. 어차피 대전으로 가지고 가야하니까요. 서울보다 대전이 요금이 더 든다면 몰라도. 서울에 있는 당신의 책도 대전으로 가지고 갈 작정입니다.

Lake 지방에 있는 pomo말이군요. 그 호수가 눈에 선해요. 좋은 결과 있길 바래요.

당신이 보낸 새소리를 듣고 있어요. 좋은 음악 같네요. 그래서 당신에게 음악을 보낼게요. 조곡 동물의 사육제 중 "백조"/ 생상(Saint Saens)(The Carnival of Animal. Mov13 'The Swan')

> "프랑스 음악 부흥의 선구자인 〈생상〉의 대표적인 작품. 1886년 사를느 르보크가 주최하는 사육제의 음악회에서 청중들을 놀라 게 해주려고 작곡한 작품. 모두 14곡으로 된 이 모음곡에는 당시의 사람들이 알고있는 명곡들을 삽입해 흥미를 주고 있으며, 이 중 특히 제 13곡의 〈백조〉는 독주곡으로 편곡되어 하프의 아르페지오를 타고 흐르는 첼로의 아름다운 멜로디는 호수의 여왕 백조를 방불케 한다."
> 해설에 이렇게 써있네요.

당신이 여행을 떠나도 메일은 여전히 할 수 있지요. 당신이 Bible Class에 갔다 와서 메일을 보도록 서둘러 보냅니다.

5. 2 /환

〈메일 87〉 My dear 소라

환은 오후에 인천에 아이들과 같이 가요. 수진이 생일이 음력 5월 1일이라 미리 생일잔치 하고 준이와 린이가 건하 산하를 무척 좋아해요. 아이들이 노는 것을 보면 어차피 인간은 또래끼리인가 보다. 라는 생각이 들었어요.

음악 파일의 배경 사진이 지금처럼 단조롭게 바뀌었어요. 노트북으로 옮기면서 변한 것입니다. 그래서 이때까지 안 보내다가 음악을 좋아하는 당신이라 보낸 것입니다. 54곡 중 51곡이 남았는데 앞으로 한 곡씩 가끔 보낼게요.

신갈에서 책을 배달한다면 서울이 아닌 대전이라 요금을 더 내랄지 모르겠네요. 알아보고 하셔요. 더 내라면 그냥 서울로 보내셔요.

어제는 인천에 있는 Sea Food에 가서 Buffet을 먹었어요. 아이들이 어떻게나 잘 먹는지, 요금이 아깝지 않았어요.

오늘 우리는 차빈데우안타르 유적으로 여행을 떠나요. 리마의 북쪽에 있다는 세로세틴 유적은 소개가 되어 있지 않아요.

어제 밤에는 너무 늦게 집에 와서 졸려서 자고 이제야 메일을 보내요.

5. 3 /환

〈메일 88〉 My dear 소라

아이들 뿐 아니라 큰 애들이 더 먹었어요. 잘 먹는 것 보니까 부러웠어요.

음악은 그럴 계획이에요. 강바람이 당신을 많이 생각해주었군요. 햇빛도 역시. 남미는 태양광선이 더 강한가 봐요.

South America를 읽어나가면서 애정이 붙기 시작했어요. 당신에게 정보를 하나하나 전하기 위해서 컴퓨터에 정성들여 담으면서 그곳에 가서 시를 가져와야겠다는 생각도 했습니다.

제 물건도 많네요. 트렁크는 버리셔요. 물건 싸는 일도 힘이 드는데, 당신 혼자 하도록 해서 마음이 아프네요. 앞으로 살면서 보상해드릴게요.

오전 내내 집에서 공부했어요. 오늘 오후에는 마트에 가요. 내일이 어머니 제삿날이라 미리 장을 봐야 해요. 5월 5일 애들 선물도 사주어야 돼요.

피닉스에서 당신과 마트에 가던 생각이 나요. 참 열심히 다녔지요.

이번에는 융가이 마을로 떠나요. 남미에는 지진이 많은가 봐요. 지진으로 이만여명이 죽은 곳입니다.

또 소식 전할게요.

5. 4 /환

〈메일 89〉 My dear 소라

모든 것이 다 마찬가지지만, 아이들과 놀다보면, 애들 키우는 것이 어렵기도 하지만 퍽 재미도 있어요.
준은 지 아빠를 무척 따라요. 재미라고는 없는 아들이 애비노릇 하느라고 혼나지요. 그래도 잘 참고 결국 다 들어주어요.

요즈음 준이는 아침에 잠투정이 심해요. 린이는 캐나다 문화원에 안 가려고 해요. 캐나다 여선생이 무서운가 봐요. 그래서 결국 선생을 바꿔주었어요.

애들이 갑자기 머리가 확 트였는지, 별걸 다 물어요. 대답해주기가 쉽지 않아요. 어제 오후에는 녹음기와 라디오에 대해서 계속 물었어요.
녹음이 무엇이야는 둥, 저장이 무엇인가, 왜 소리가 나는가, 모드가 무엇인지, FM이 무엇인지 끝이 없어요. 이렇게 묻는 애들이 정말 귀여워요. 예뻐 죽겠어요.

당신은 오늘 교회에 가겠군요. 환은 오전은 공부, 오후는 제사 준비, 밤에는 제사입니다.

오늘은 페루 안데스 불랑카산군으로 여행을 떠나요. 좀 험한 곳이랍니다. 신발끈을 단단히 매요.

새벽 3시가 되어가네요. 좀 자야겠어요.

5. 5 /환

〈메일 90〉 My dear 소라

일요일인데도 바쁜 하루였군요. 지금쯤 당신은 자고 있겠지요. 당신이 일어나시면 읽게 메일을 보내요.

2,000불은 거의 300만원이네요. 환율이 내려야할 터인데 큰일 났어요.

신문에 멕시코에 돼지 인푸루엔자가 발병해서 사망자가 생겼다는군요. 미국도 3주가 돼지독감이랍니다. 당신은 돼지고기를 안 드시니까 마음이 놓이지만 조심하셔요. 가급적이면 외식은 하지 말고 집에서 드셔요.

5. 20 전원 모임에 고창수 김동호 두 분을 모시는데 정상순 장덕천 시인도 초청하기로 했어요. 정 시인은 온다고 했는데, 장 시인은 전화해 봐야해요.

오늘은 집안이 북적여요. 손님접대는 안하고 당신에게 메일을 보내고 있어요. 잘 하는 거죠.

그럼 오늘은 어디로 여행을 떠나볼까요. 이키토스로 가요. 아마존 강 유역의 인디오들의 생활을 볼 수 있는 곳이랍니다.

또 소식 전할게요.

5. 6 /환

〈메일 91〉 My dear 소라

이키토스 첨부물이 안 갔어요. 제사 때문에 정신이 없었나 봐요. 잘 못 됐구만유. 당장 보낼 게유. 당신이 가보았다면 안 가도 돼유.

근 3개월에 4회 라면 안 간거나 마찬가지네요. 돼지 고기만 드시지 마세요. 그리고 버스만 타지마세요(아무래도 공짜 버스는 노숙자들이 많이 타니 그들 옆은 별로일 거 같음).

어제 밤에 초저녁 제사를 지내고 사위가 10시 반에 간다고 나갔는데 장애자 주차를 해서(지하주차장) 펑크를 내놓아 그 밤에 다시 타이어를 바꿔서 가느라고 12시에 떠났어요. 물론 사위가 잘 못은 했지만. 이렇게 각박해서야. 미국은 법이고, 이곳은 보복이네요.

오늘도 바쁘겠어요. 당신은? 환은 오늘 당신에게 운동화를 우송할게요. 3. 4일 전에 나이키로 한 켤레 샀어요. 99,000원 주었어요. 디자인은 그냥 수수해요(남미는 도둑이 많아 화려한 것은 금물). 환 것은 15,000원 주었고요. 물론 환이 당신에게 갈 때는 좋은 걸로 다시 살게요.

운동화는 혼자 학술탐사의 먼 길을 떠나는 honey에게 환이 보내는 정표이랍니다.
무사하길 늘 빌어요.

오늘은 어느 곳으로 여행을 떠날까요. 페루의 남쪽 남은 한 곳, 아레키파에요.

5. 7 /환

〈메일 92〉 My dear 소라

청나라, 문인 吳喬의 '산문은 밥이요 시는 술' 잘 읽었어요. 비유가 적절해요.

어제 운동화를 붙이려다, 운동화만 보내기가 그래서 CD 하나 샀어요. 차에서 들으시라고요. 그리고 여행안내서 〈핵심 중남미 Latin America〉 한 권 더 샀어요. 요금이 25,000인데 할인 기간이라 5,000원 discount입니다. Travel Preparation을 복사해서 넣겠어요. 잘 읽어보셔요. 여러가지 필요한 정보들이 있어요. 여권이나 돈을 넣을 복대가 필요하대서 봐 두었어요. 당신 것도 하나 살게요. 다른 정보는 환이 첨부파일로 보내겠어요.

요즈음 세계적으로는 돼지 인푸루엔자 때문에 우리나라는 전직대통령 일가의 부정부패 때문에 시끄러워요. 한국경제는 조금씩 안정되는 느낌이지만. 윗물이 맑아야하는데......

오늘은 공간시낭독회가 있어요. 수요일이라 오후에는 아이들도 돌봐야해요. 어디로 여행을 떠나나요? 카논델콜카(콜카 계곡)입니다. 남미의 그랜드캐니언 이래요. 기대하세요.

당신도 오늘 바쁘시지요.
좋은 나날이기를. 또 소식 전할게요.

5. 8 /환

〈메일 93〉 My dear 소라

소포에는 이은미의 새로운 앨범 〈노래 위를 걷는 사람〉과 남미여행의 일반적인 정보도 복사해 넣었어요. 요금은 23,400원.
당신을 위해 운동화를 사고 CD를 사고, 복사를 하고 보따리로 만들어서 보내는 것이 재미있어요. 당신이 받아보고 즐거워할 테니까. 신발이 마음에 들지 걱정은 좀 됩니다.

어제 저녁에도 비가 내렸는데 오늘은 화창한 봄날입니다. 5시 쯤 공간시낭독회에 나가야 돼요.

고창수 선배님은 지난해에 〈바움문학상〉을 받았답니다. 바움문학상은 영상시 작가에게 수여하는 상으로 사진작가의 칭호를 수여한답니다.
욕심이 많으신 것 같지만 참 유능한 분이에요. 영화감독에다 시인이다. 사진작가이니 말입니다.

고 선배님은 남미에 가면 좋은 사진을 많이 찍어오라고 당부했어요. 사진작가다운 말이었습니다.

오늘은 카논델콜카 투어를 따라가 봐요. 그랜드캐니언에 갔던 생각이 나요. 장엄한 바위의 panorama, 당신과 같이 바위의 파노라마를 보겠네요.

5. 9 /환

〈메일 94〉 My dear 소라

내용이 별로 없기에 다시 올 메일만 기다리고 있었지요. 그러면서도 메일은 보냈어요.

오늘은 이상하게 부정적인 생각만 드네요. oo 낭독회를 탈퇴해야할 것 같아요. 금년까지만 하고 그만 둘래요.
그 이유는 이 작은 모임에도 political한 게 있어요. 환은 political과는 잘 안 맞거든요.

오늘 환은 〈사과에 대한 명상〉을 읽었어요. 그 시는 우연히 써진 시지만 괜찮은 시이어요. 그런데 끝부분이 안 좋다는 등 하는 거예요. 안 좋아도 안 좋다고 하지 않는 것이 불문율이거든요. 자기는 뭐 대단한 시를 쓰나, 뭐. 누구는 바본 줄 아나. 남미에 갔다 귀국해서 서울 생활은 청산하고 은둔해야할 것 같아요. 술도 마시기 싫고. 술 마신만큼 이익이 나오는 것도 아니고.

당신에게 쓸데없는 이야기해서 미안해요. 오늘따라 기분이 무척 우울하네요. 시계를 보니까 한 시가 넘었네요. 저는 이런 데에 휩쓸리지 않는다고 자부했는데....환도 어쩔 수 없는 속물이네요.

5. 10 /환

〈메일 95〉 My dear 소라

Docter King's Office에 다녀왔겠군요. 병원은 어쨌든 가기 싫은 곳인데....
결과는 어땠어요. 좋겠지만. 걱정이 되네요.
어젯밤에 메일을 너무 우울한 것을 보내드려 Lo siento. 아직 안 보셨네요.
오늘 환은 대전 내려가요. 친구 아들 결혼식도 있고요. 모임도 있어요. 며칠 있어야할 거 같아요.

어제 공간은 30주년 기념회라 훌륭한 시인들이 많이 왔어요. 좋은 시들도 많이 듣고요.
어쩌면 만사를 좋은 면으로 생각해야 될 거 같아요. 어느 곳이나 좋은 점도 있고 나쁜 점도 있기 마련이니까요.

오늘은 어느 곳으로 여행을 떠나나요. 음악의 선율 속으로 가요.
당신이 있어 많은 것을 이길 수 있어요. 더 용기를 낼게요.

5. 11 /환

〈메일 96〉 My dear 소라

전화 잘 주고받았어요. 당신 다리가 한두 달 후에는 완전해진다니까 축하해요. 벌써 5월 중순이네요. Si가 전 세계적으로 확산되나 봐요. 미국도 안전하지 못하다는데, 좀 걱정입니다. 마스크를 하세요.

Si 발원지가 중국이라고 하니까, 중국은 크게 반발한데요. Ai 발원지도 중국이었거든요.

수지씨가 못 가게 되어서 당신 혼자 힘드시겠어요. 하지만 베테랑은 무엇이든, 언제든 혼자 한답니다. 힘내셔요.

오늘 환은 다시 서울에 가서 고창수 선배 시에 곡을 붙여 발표하는 발표회에 참가해야 해요. 대전에서 전화를 받았어요. 작곡가가 작곡을 해주는데 보통은 30만원인데 고박사가 아는 작곡가는 10만원이랍니다. 저더러 와 보고 소개해 줄 테니까 좋으면 하래요. 노래가 뜨면 돈 벌이도 된다나요. 고 선배님은 마음 쓰심이 꼭 친형 같아요.
물론 당신이 제 시를 작곡해주면(한두 개) 좋지만 가수들과의 network가 없으니까....욕심은 금물 이예요.

당신은 오늘 무얼 하셔요. 오늘부터 여행은 칠레로 떠나요. 기대하세요.

5. 11 /환

〈메일 97〉 My dear 소라

서울에 와서 메일부터 열었어요. 당신의 정겨운 메일과 Love Story의 조각미에 압도당했어요. 아름답다 못해 황홀하네요.
두고 두고 다시 또 봐야겠어요. 당신을 떠올리면서. 당신도 그렇게 생각하죠.
조금 있다가 강남구민회관에 가야해요. 용산에서 2시간은 걸릴 거 같아요.
나들이 할 때는 어떤 옷을 입고 갈까 늘 걱정이어요.
당신이 옆에 있다면 코디가 되어 줄 터인데.

푸른다뉴브강은 늘 들어도 좋죠. 당신이 춤추는 모습이 눈에 선해요.

우편은 10일 내지 2주 걸린다나요. 당신에게 보낸 우편물 번호는 CP091166373KR입니다.그럼 우선 이렇게.

5. 12 /환

〈메일 98〉 My dear 소라

밤중에 일어나 컴퓨터를 여니 당신 메일이 와 있네요. 반가운 마음으로 메일을 열어보고 편지를 씁니다.
〈인생은 아름다워라〉 악성 메일은 안 왔어요. 주의 할게요.

어제 대전에서, Gold officetel에 가려고 전철을 탔는데 생각해보니 노동절이라, 오피스텔도 휴일일 거 같아 헛걸음 할것이 뻔해 중간에 돌아왔습니다. 전화했더니 휴일이었어요. 다음에 들리겠습니다.

〈서울관광명소가곡제〉는 서울작곡가포럼에서 하는 것인데 Sop와 Bar가 가곡을 불렀어요. 잘 했어요. 사진은 한 장도 못 찍었어요. 분위기가 그랬어요.
〈From Rusia with Love〉는 좋으셨어요? 산 Tape에서 좋은 노래 찾으셨어요?
환은 오늘은 서울에 있고 내일 대전에 내려가요.

어디로 여행을 떠나지요. 꿈의 도시 산티아고로 가요.

5. 13 /환

〈메일 99〉 My dear 소라

졸리실 터인데 메일 쓰느라고 애썼어요. 대전에는 못 내려가고 서울에 있어요.
신종 인푸루엔자가 무섭다면서 아들이 마스크를 사가지고 와서 사람 많은데 가지 말고 기차도 타지 말라는군요. 결혼식장에 간다니까 돈을 붙이래요.

걱정해주는 것이 고맙기도 하고 자유를 침해당한 것 같기도 하네요. 어젯밤에 수진이는 멕시코는 가지 말라고 하네요. 병이 없어진 거라고 했더니 사스도 오래 계속되었다는군요. 곧 없어져야 할 터인데 걱정이네요. 일본은 10일분 식료품을 구해놓으라고 했다는군요. 마트에 가지 말라는 이야기겠지요.

당신도 조심하셔요. 마스크는 사셨어요. 차가 있으니 덜 하지만, 축제장은 사람이 많이 모이니....
영화가 재미있었다니 다행이어요. Love story라는 점도 좋아요. 당신의 영어실력이 쑥쑥 느는군요. EBS에서 토요일 저녁 시간에 Anne with red hair를 해요. 재미있어요.

이곳은 5월 2일 오후 3시가 넘었어요. 당신은 잘 시간이군요. Buenas noches.

어디로 여행을 떠날까요. 산티아고 구시가지로 떠나기로 해요.

5. 14 /환

〈메일 100〉 My dear 소라

South Mountain의 Walking Course, 좋은 곳이지요. 그런데 혼자 가셔요? 조심하셔요. stick은 없으시지요. stick이 꼭 필요한데.... 일요일이라 교회도 가셔야지요.

신종 인푸루엔자 바이러스를 통과시키지 않는 마스크가 따로 있어요. 그것도 6시간 이상은 못 쓴다는군요. 언론이 과잉 반응이 아닌가 하는 생각도 들어요.

어제는 토요일이라 Anne with green mansion을 봤어요. 재미있었어요. Anne은 전선에 가있는 Gilbert를 만나러 영국에 가요. 새로운 많은 사람들과 만나고, 다시 파리로 가지만 전쟁의 비참을 더하고, 독일에서 Gilbert와의 극적인 만남이 이루어져요. 드디어 전쟁은 끝나고 캐나다에 돌아온 그들에게 새로운 세계와 삶이 기대되어요.

오늘은 당신이 좋아하는 해산물을 먹으러 산티아고의 중앙시장으로 가요.

5. 15 /환

〈메일 101〉 My dear 소라

혹시나 하고 메일을 열었더니 반가운 당신 메일이 왔군요. South Mountian 잘 다녀오셨다니 Thanks Sora.

아니요. 환은 다친 당신에 비교할 수 없는 거지요. 당신은 아픔의 고통에다 놀람이 컸지요. 그 당시 환이 너무 무력함을 알았습니다. Superman 처럼 당신을 안고 날라야하는 건데, 그러지 못했거든요.

Saguaro가 벌써 꽃을 달았군요. 유독 사구아로를 좋아하는 당신이기에 기대가 되네요.
좋은 모임 되세요. 그 부인이 우리 아파트에 왔던 것이 기억나요. 우리 둘이 음식을 만들고, 불고기를 굽고 야단이었지요.

많은 좋은 소설들이 전쟁에서 인간의 삶을 그렸어요. Anne.....도 마찬가지네요. Gone with the wind. Doctor Zivago. Farewells to arms. War and Peace 등이 다 그래요.
잘 알았습니다. 술좌석은 되도록이면 안 가려고해요. 환은 오늘 화분 분가리를 1개 하려고해요. 그리고는 아이들과 놀래요. 메일 준비하고요.

어디로 여행을 갈까요? 산티아고에서 민예품 쇼핑을 가요.

5. 16 /환

〈메일 102〉 My dear 소라

보내주신 사진 잘 봤어요. Saguaro 꽃이 너무 청순하게 보여요. Cholla 꽃도 너무 수줍게 보여서 가시를 달고 있지 않을 것 같았어요. Kokopelli 사진도 너무 잘 찍었어요.

바베큐집의 모임은 퍽 정겨웠겠어요. 좋은 분들이 한 자리에 모였네요. 주인댁의 배려도 고맙고요. 와인 한잔 하셨어요? 칠레는 와인이 유명하고 싸다네요. 또 안주인 해산물이 싸고 싱싱하데요. 거기 가서 와인을 마셔야겠어요. 기대가 돼요.

송 목사 내외는 언제 한국에 오신데요. 오시면 식사나 한 끼 대접 할 까해요. 당신이 한국에 있으면 대접을 더 잘 할 터인데.

5월 21일까지 inter net을 하고 그 후는 좀 어렵겠어요. 너무 무리하지 마세요. 환이 자주 할게요.
한국은 오후 3시가 가까워 와요. 당신은 잘 시간이네요. 잘 자요.

오늘은 무슨 여행을 하지요. 말이 나온 김에 와인여행을 해요.

5. 17 /환

〈메일 103〉 My dear 소라

오후에 일산 호수공원에 갔다 왔어요. 가는데 차가 엄청 밀려서 어쩐 일인가 했더니,
그곳에서 〈National Flower Festival〉이 열리고 있었어요.
우리는 너무 늦은 시간에 가서 들어가지는 않고 호수를 일주했어요. 그것으로 운동은 충분한 것 같았어요.
린이는 거의 자고 준이만 신나게 놀았어요. 한살 차이가 참 컸어요. 호수주변에는 철쭉꽃이 만개했어요. 와사등 이라는 가든에 가서 저녁을 먹고 돌아왔어요. 사진을 몇 장 보낼게요.

한 숨 자고 일어나서 당신에게 메일을 쓰고 있어요. 메일을 보내고 좀 더 자야해요.

오늘 여행은 일산 호수공원으로 가요. 한국도 이렇게 아름다운 곳이 있다는 것을 아실 거예요. 좋은 하루되세요.

5. 19 /환

〈메일 104〉 My dear 소라

10월을 손꼽아 기다리고 있어요. 미국을 떠난지 3개월이 다 되었네요. 열심히 메일을 쓰다보면 그날은 바로 올 것 같아요.

당신은 잠들어있을지 깨어있을지 모르겠어요. 오늘 오후에 우체국에 가서 축의금을 우송하고 여행사에 들려보았어요. 전자 여권이 어떻게 되는가 알아보고 항공권도 알아볼 겸 갔었어요.
비행기 표는 8월에 구하는 것이 좋다고 그러고요. 여권을 한 번 가지고 와보라는 군요. 비자도 단순비자인가 봐 준데요. 그렇게 하려고 해요. 비행기는 어떻게 해야 하나요. 환이 무슨 비행기를 타야하며 어디로 가야하나요.
볼리비아 비자는 환은 이곳에서 알아보고 당신은 미국에서 알아보는 것이 좋을 것 같다는 데요.

여행사를 나와 남대문 시장에 가서 여름 잠바를 하나 샀는데 집에 가져와보니 Made in China입니다. 한국도 머지않아 중국제가 판치겠어요.

송 목사 부부를 서울서 만나면 기분이 좋을 것 같아요. 6월 초에 만나보겠습니다.

오늘은 어디로 여행을 떠날까요. 역시 와인 한 잔 하러 가요.

5. 19 /환

〈메일 105〉 My dear 소라

내일 국학자료원에 전화할게요. 그리고 당신에게 용산 집에 있는 책(모심는 소리)과 Tape 하나씩을 붙일게요. 5월을 훌쩍 넘기고 『모심는 소리』는 안 오고하면 당신이 곤란할 거예요.

10월에 당신은 Indianapolis에 머무시는군요. 그곳이 아무래도 항공료가 싸겠지요. 알아볼게요. 기종은 United Air Line, Korean Air Line, Asiana Air Line을 타요? 여기서 환이 알아봐야겠지요.

송향숙씨에게 매일이 왔어요. 서울에서 뵈면 반가울 거라고요.

5월 전원에서 시고를 보내요. 〈Love and a Question〉은 번역되었네요. 그래도 한번 봐주세요.
번역된 것을 그대로 베낀 것이 아니고 어려운 곳만 봤어요.

여행은 어디로 떠나요. 오늘도 와인어리 순례입니다. 만날 와인이네요.

5. 20 /환

〈메일 106〉 My dear 소라

오늘은 아이들과 바다에 나갔어요. 낚시도구도 가져갔어요. 영종도 옆에 있는 무의도에 갔었는데, 바닷가라 좀 추웠고 썰물 때라 고기는 한 마리도 못 잡았어요.(사위도)

아들네는 바다가 싫다고 식물원에 갔어요. 집에 방금 들어와서 당신 메일보고 메일 보내고 있어요.

모심는 소리 책은 내일 전화 하고, 당신에게 책 한 권 부칠게요. 향운이 전화한데요? 아직도 open을 안했다니, 장사를 하겠다는 건지 어쩐지? 참 재미있는 분이에요.

7일은 차나무 시낭독회입니다. 따라서 8일 환도 내려가야 하는데, 혼자 내려갈게요. 물론 대전에서 동서와 만나서 model house는 같이 가요. 아직 처제는 한 번도 안 봐서....이해해주세요.

이제 와인 순례는 끝내고
칠레의 유명한 휴양지 비냐델마르로 여행을 떠나요.

5. 21 /환

〈메일 107〉 My dear 소라

지난해는 문자를 참 많이 보냈지요. 남미는 아름다운 해수욕장이 너무 많아 환은 수영복부터 가방에 넣어놓았는데, 당신이 없으면 어떻게 해요. 펜티만 입고 바다에 들어갈 수는 없을 터인데. 비키니를 환이 사줄가요. 좀 야한 걸로.

건하와 산하는 그림은 그리지 않고, 위험한 일들만 골라했어요. 바위벼랑을 오르는 일, 파도에 옷을 적시는 일. 한창 호기심이 발동하는 시기라 지은이의 속을 태워요. 아마 그 애들은 자연을 사랑하는 애들이 될 거예요. 갯벌을 무척 좋아해요. 특히 건하는 갯벌에서 옷버리는 일이 비일비재해요. 호기심이 많아 잘 놀아요. 그리고 어릴 때부터 자연 체험을 많이도 했어요.

당신에게 멋진 바다 사진을 보내려고 봤더니 좋은 사진이 없네요. 저녁은 해물탕을 먹었어요.

오늘은 어디로 여행을 떠날까요? 칠레 최대의 항구 도시, 발파라이소로 떠나요. 이 도시에서 지친 심신을 쉬어요, 우리.

국학자료원에 전화했습니다. 부쳤다고 하면서 주소를 불러주면 맞는지 맞추어본다기에 알려주었습니다. 환이 우편물 번호를 불러달라고 했더니 번호를 찾아서 알려준다하여 2시간 후에 우체국에 갔는데 사람이 많다면서 문자로 보내준답디다.

방금 전화가 왔는데 주소가 틀려서 책을 다시 부쳤다는군요.
우편번호: 2m917974840kr이랍니다. 이번은 틀림없을 거예요. '책 5권 테이프 5개' 라고 말했으니 기다려보세요.

환도 당신에게 책 한권 우송했습니다. 한권 보내는데 3만원이 넘어서 보통으로 부쳤더니 값은 반, 대신 우편번호는 없습니다. 들어가겠지요. 5월 25일 이내로 들어간답니다.

궁금하실 거 같아서 우선 급히 소식전합니다.

5. 22 /환

〈메일 108〉 My dear 소라

환율이 1,277:00원입니다. 증권이 오르면 환율은 내려간답니다. 환이 귀국했을 때는 1,575원이었던 것 같아요. 많이 내려갔습니다. 증권은 좀 더 오를 것 같아요. 참고하세요.

시 봐주셔서 고맙습니다. 참고 할게요. 볼리비아 비자는 칠레의 산티아고나 칼라마에서도 할 수 있답니다. 오늘 롯데관광에 갔다 왔습니다. 비자는 복수비자이고 여권은 내년까지 쓸 수 있다고 합니다. 문제는 비행기 표인데 좀 더 연구해봐야 할 것 같아요. 비행기 표는 꽤 복잡하네요.
동서네가 당신에게 간다니 잘되었어요. 즐거운 여행되기를 기원합니다.

자, 우리는 어디로 여행을 떠날까요? 과수원으로 유명한 라세레나입니다. 재미있는 곳입니다. 이곳은 칠레의 북쪽입니다.

5. 23 /환

〈메일 109〉 My dear 소라

볼리비아 비자는 당신과 같이 할게요. 미국에서든 칠레에서든.

환율은 어떨지 아무도 모른데요. 지켜볼게요. 비행기표는 관광회사 아가씨 이야기로는
미국에 갈 경우 편도는 비싸고, 1 개월짜리 왕복은 싸게 해주는 것이 80만 원 선이니 오는 표는 버리는 방법이 있데요.
왕복표는 6개월짜리 왕복은, 1 개월짜리보다 비싸고, 일 년짜리는 6 개월짜리보다 더 비싸다는 군요. 상식을 뛰어넘는 계산방법이 혼란스러워요.

그래서 제 생각으로는, 10월에 인디애나폴리스까지 왕복 요금보다 LA에 가서 국내선으로 그곳에 가는 것이 어떨는지? 어느 것이 더 싸고 편리한지 알아봐야겠어요.
직원이야기로는 한국에서는 미국 비행기요금을 알 수 없다고 해요. 과연 그런지? 미국 inter net에 들어가면 알 수 있을 터인데. 당신이 알아봐 줄래요. LA에서 인디애나폴리스까지.

오늘은 어디로 여행을 떠나나요. 칠레13 라레코바 시장에 한번 가 봐요. 먹을 것이 많다더군요.

환의 메일이 점점 dry해지네요.

5. 24 /환

〈메일 110〉 My dear 소라

오늘은 시 좀 봐주세요. 두 곳에 보낼 시를 다듬어보았어요.

저녁식사 잘 하세요. 잠도 잘 주무시고요. 꿈도 좋은 꿈 꾸셔요.

5. 25 /환

〈메일 111〉 My dear 소라

시 보느라고 애썼어요. 오늘 시원고 보내고 대전으로 떠나려고 해요. 처제를 만나려니 가슴이 떨리는군요. 어제 이발했어요.

오늘 아파트 신청하는 거죠. 좋은 아파트가 당첨되어야할 터인데. 지성이면 감천이라고 될 거예요.

당신은 오늘 유마 쪽으로 멀리 떠나는군요. 그곳에 그런 Museum이 있었어요? 좋은 자료 찾으시고 무사하기를 빌어요.

요전에 우송한 운동화는 아직 도착하지 않았나요. 도착할 시간이 된것 같아요.
어제 차나무 시낭송회는 성황리에 마쳤어요. 주제가 막걸리라, 막걸리를 조금 마셨어요. 6월은 제 차례입니다.

오늘은 어느 곳으로 여행을 떠나나요? 피스코 공장을 구경 가요.

5. 25 /환

〈메일 112〉 My dear 소라

처제 첫대면은 불발이었어요. 동서 이야기는 수줍어하더래요. 바쁘기도 하고요.

다음에 뵈면 되니까 괜찮아요. 고속도로가 막혀서 동서는 3시 경에 대전에 도착했어요. Model House 잘 봤어요. 아주 좋아요. 13일에 1순위 신청이에요. 동서가 inter-net으로 신청하기로 했어요.

내일모래 월요일에 당신에게 아파트 광고 소책자 보낼게요. 자세한 이야기는 이미 동서가 보냈으리라 믿어요.

동서와 청벽(공주 가는 금강 변)에 가서 장어구이를 먹고 왔어요. 쓸개주도 한 잔씩 하고요. 동서의 술 실력이 대단해요. 술을 들고 차를 몰고 서울로 떠나서 걱정이에요. 괜찮다고 말했지만. 부산 사나이의 고집을 꺾을 수가 없었어요. 무사하기를 빌 수밖에.

오피스텔에 갔다 왔어요. 손 소장도 만나보고요. 8월까지 240만원이래요. 손 소장은 시원시원한 사람이네요. 일이 잘 풀릴 것 같아요.

운동화가 도착했군요. CD도요. 두 Museum 잘 다녀와서 좋아요.

오늘 환은 무주에 가야해요. 동생과 산소에 다녀와야 해요. 갔다 와서 이야기 할게요.

여보! 어디로 여행을 떠나지요. 이동 메모리가 열리지 않아 보류해야겠어요.

5. 26 /환

* 환도 좀 바빠요. 그런데 그게 보람이지요.

〈메일 113〉 My dear 소라

무주 잘 다녀왔어요. 무주까지가 아니고 성주까지 갔다 왔어요. 그곳에 조상들 산소가 있거든요. 날씨가 너무 좋고 연둣빛으로 변한 산야가 너무 아름다워, 참 아름다운 나라구나 하는 생각이 절로 들었어요. 이길을 여러번 가보지만 산천이 너무 아름다웠어요. 특히 성주의 무흘구곡은 무릉도원을 연상했어요. 구천동을 지나갈 때는 당신과 Muju Resort에 갔던 지난해 6월이 생각났어요. 정상에서 먹던 점심, 동동주, 사진 촬영.
240만원은 관리비 8월까지의 총계입니다.

Vertigo(현기증)이라는 영화를 보시고 감상하는 당신의 감상 능력에 박수. 많이 보세요.
컴퓨터는 여자 핸드백에 넣는 작은 것이 있답니다. 80만 원 정도래요.

오늘 오후에 환은 상경해요. 집에 가서 메일 다시 보낼게요.

여보! 어젯밤 꿈에 당신을 꼭 안아주었어요.

5. 27 /환

〈메일 114〉 My dear 소라

집에 와서 컴 열었더니 당신 메일이 와있군요. 무엇보다 반가웠어요.

동서네는 7월에 당신에게 가서 한 달 정도 구경하고 오신데요. 좋은 여행이 되도록 도와드리세요. 당신도 덜 심심하시겠어요.
동서 이야기로는 45평(베란다를 포함하면 훨씬 넓어요. 베란다 확창공사비 약 1300만원)이 4억 5천이 넘는데 싸다더군요. 서울에 비해서는 싸지요.

생신이라고, 그냥 집에서 간단하게 저녁이나 먹기로 하였어요. 당신이 있어서

이 세상에 태어난 보람을 느껴요.

John 목사 집에서 저녁식사를 하셨군요. 눈을 감으면 당신과 손을 꼭 잡고 걸어가던 Bible Church 생각이 나요. 그곳도 두세 번 밖에 못가시겠어요.

컴퓨터는 각자 하나씩 있어야하지 않을까요. 당신 것은 소형인데다 성능이 좋아 가지고 다니기에 불편하지 않을 거예요. 제 것도 작은 걸로 사면 힘들지 않을 거 같아요. 글 쓰는 사람이 노트가 없으면 어떻게 해요. 더 생각해보고 결정해요.
떠나지 못한 여행을 떠나야겠어요. 오늘은 비쿠냐로 여행을 떠나요. 1945년 라틴 아메리카 최초로 노벨문학상(시)을 받은 가브리엘라 미스트랄(Gabriela Mistral1889~1957)의 생가가 있답니다.
그곳은 꼭 가고 싶어요.

5. 28 /환

〈메일 115〉 My dear 소라

음식 장만은 희정, 수진, 지은이가 수고를 했고 물론 누님이 오셔서 많이 애썼지요. 미국에서 가지고 온 와인을 마셨어요. 즐거운 시간이었어요. 당신이 있었으면 더 좋았을 거예요.

아파트 팸플릿을 보낼(우송)게요. 아파트에 대하여 몇 가지 적습니다.

가격-45.82평-최상층:431.819+13.500.000=4억4천5백3십1만9천원(가장 비쌈)
39.46평-최상층:353.979+11.000.000=3억6천4백9십7만9천원
* 당신은 청약금이 700만원으로 39평과 45평만을 신청할 수 있음
* 발코니 확장 평수는 나와 있지 않음(팸플릿에서 못 찾았는지도 모름)
* 환과 동서 생각으론 45.82평이 가장 화려하고 좋은 구조의 아파트임
* 실용으로 따진다면 39평형도 충분히 큼. 환 생각은 39평이 적당함.
* 최상층은 천장이 높음

* 동서는 45.82평으로 신청할 예정임(최상층이 당첨되면 팔수도 있음)
* 장만할 가구 비용도 만만찮을 것 같음.

당신 머리가 좀 아프겠어요.

오늘은 광산의 도시 안토파카스타로 여행을 떠나요.

5. 29 /환

〈메일 116〉 My dear 소라

2011년은 환 옆에 라가, 라 옆에 환이 있겠지요. 즐거운 시간이 될 거예요.

아파트 전망은 39평도 45평도 좋을 것 같아요. 우선은 201, 202, 203동이 맨 앞쪽이어요. 방향은 서남향 같고요. 초심대로 그렇게 하셔요.

Bob, John, Caren집을 방문했군요. 귀한 방문이네요. 보통때는 당신은 18세인데 Over thirty라니 너무 많이 말했어요. ㅎㅎㅎ

미국에서 만나, 우리 조율해서 결정해요. 남미를 다 갈 수는 없어요.

오늘 여행은 칼라마로 떠나요. 그곳에 세계최대급 추키카마타 노천구리광산이 있어요.
몇 년 전에 서울 프레스센터에서 칠레 사진전을 본 일이 있는데 그때 본 광산과 광부들의 인상이 아직도 남아 있어요. 광산은 노천광산이었으니까 이 광산일 것 같아요. 광부들의 삶이 너무 비참했어요. 착취와 강제 노동에 찌든 군상들이 지금도 잊히지 않아요. 그곳에 가보고 싶어요.

5. 30 /환

〈메일 117〉 My dear 소라

몸이 안 좋다니. 몸살 났나요. 몸살이면 쉬어야 해요. 푹 쉬셔요.

입맛이 없어도 드셔야합니다. 너무 무리하지마시고. 건강을 잃으면 안돼요.

Karen도 불쌍한 사람이군요. 잘 다녀오셨어요. 사람이 그리워 자꾸 사람들을 초대했나 봐요.

우체국에 가서, 아파트 팜플릿을 부치고 오는데 동서가 전화를 했어요. 서류 떼기가 쉽지 않은가 봐요. 다시 대전에 내려가야 하는가 봐요. 당신 일 때문에 애를 많이 쓰는 것 같아요. 꼭 기억해두세요.

아플 때는 음악이 제일 좋을 것 같아 음악을 보내요.

송향숙씨에게 전화했어요. 6월 4일 12시에 안국역에서 만나기로 했어요. 6월 16일에 피닉스에 간데요. 점심이나 대접해야지요. 목사부부가 당신에게 잘 해주었으니 갚아야지요. 만나면 당신 이야기 많이 할 거예요.

5. 31 /환

〈메일 118〉 My dear 소라

많이 아프지요? 메일을 안 보내는 것을 보니까 아픈 것이 틀림없어요. 이 시간에 inter net을 열어보면 늘 메일이 오는데…….

아무것도 하지 말고 쉬셔요. 몸살 같으니까. 열은 없는지 살펴보셔요. 곧 여행길을 떠나야하는데……. 좀 이상하면 병원에 가야해요.

당신이 무사히 완쾌하기를 환은 빌 뿐입니다. 빨리 나으셔요. 당신이 아플 때, 환이 옆에 있어야하는데…….

아파트 팜플릿은 2주후에 도착한데요. 그때는 신청이 끝난 때라 참고만 하시라고 보냈습니다. 당신이 궁금해 할 것 같아서죠.

오늘도 음악을 보내요. 어제 보낸 베토벤의 '앨리자를 위해서' 잘 들었어요? 오늘은 시벨리우스의 핀란디아Sibelius Symphonic poem 'Finlandia'를 보냅니다.

오늘은 산페드로데아타카마로 가야해요.
빨리 완쾌하셔요.

6. 1 /환

〈메일 119〉 My dear 소라

당신이 아침에 보낸 메일도 봤어요. 메일이 잘 숨어요.

감기가 아니라니 다행입니다. 기운이 없는 것은 영양부족일지도 몰라요. 비타민을 좀 드시고 귀찮아도 음식을 잘 해 드셔요. 당신이 한 멸치볶음이 먹고 싶어요. 부침이든 무어든 뒤집는 것은 환이 잘하는데……. 그곳에 없어서 유감이네요.

환은 허리가 안 좋아서 많이 걸었더니 좀 좋아졌어요.

책과 CD가 도착했군요. 생각보다 빨리 도착했어요. 잘 됐어요.

청약신청공인인증서 때문에 골치가 아프시겠어요. 무엇을 하든 진통이 따르지요. 잘 참고 하셔요.

물론 아무리 좋은 곳이라도 비싸면 못가요. 못 가도 이렇게 알아두는 것은 지식이지요. 지식은 합리적인 판단을 도울 거예요.

잘 자요, 소라!

6. 2 /환

〈메일 120〉 My dear 소라

잠자는 것은 건강에 좋아요. 환도 좀 누워있다 일어났어요. 허리는 어제 좀 아팠는데, 많이 걸었더니 괜찮아요. 허리 아픈 것은 걷는 것이 좋은가 봐요. 걱정하지마세요.

아파트는 잘 선택했어요. 그 면적이면 충분해요. 구조는 39평이나 45평이 대동소이해요. 35평 짜리는 신청을 할 수 없어요.

공인인증서는 국민은행에서 하는 걸로 아는데요. 참고로 〈인터넷 청약 절차도〉를 기록합니다.

* 인터넷 청약 절차도*

* 정부방침에 따라 본 아파트는 인터넷 청약을 원칙으로 하고 있습니다.

1. 청약통장 가입은행에서 인터넷 뱅킹 가입
2. 국민은행/아파트 투유 홈페이지 접속
 국민은행 홈페이지 http://www.kbstar.com
 아파트 투유 홈페이지 http://www:apt2you.com
3. 공인인증서 로그인
4. 청약순위 및 청약가능면적 확인
5. 주택 및 청약면적 선택
6. 개인 인적사항 및 청약 가점 항목 입력
7. 청약 신청 내용 확인

8. 청약 완료

주의사항
* 1,2 순위로 인터넷 청약을 하시기 위해서는 공인인증서가 반드시 필요하며, 공인인증서가 없으신 분은 해당은행에서 인터넷 뱅킹을 가입하여 공인인증서를 발급받으셔야합니다.
* 1,2 순위는 국민은행과 아파트 투유 홈페이지에서 , 3순위는 우리은행 본지점 창구에서 청약접수 가능합니다.
-이상-

잘 읽어보시고 하셔요. 오늘이 이곳은 12일 4시 반입니다. 우리는 내일 청약해야합니다. 환이 도울 것이 있나요. 도울 것이 있으면 연락 주셔요. 동서와 처제가 잘 할 걸로 믿어요.

6. 2 /환

〈메일 121〉 My dear 소라

당신이 이미 http:www.apt2you.com에 들어가서 신청을 하고 있다니 다행이여요. 많이 진척이 되었네요. 잘 되도록 기도할게요.

조기 요리를 해 드신다고요. 미국에도 조기가 있어요. 맛있겠어요. 그곳 조기는 크겠지요. 여기선 마트에 가보면 조기가 많지요.

몸이 많이 회복됐다니 반가워요. 다행이에요. 건강을 잘 유지하세요.

오담학교의 dinner party도 잘 다녀오세요. 사진 잘 봤어요. 맨 끝에 있는 글도요.

오늘 여행은 아타카마 사막 투어입니다. 간헐천, 달의 계곡, 아타카마 염호 등 볼거리가 많답니다.

6. 3 /환

〈메일 122〉 My dear 소라

오담어학교 졸업을 축하해요. 하루에 두 가지 큰일을 하셨군요. 아파트 청약과 오담학교 졸업!

당신은 이미 훌륭한 수필가입니다. 귀국하면 O2 Grande에서 수필을 써서 책을 내세요.

똑 같은 글(이유식의 '좋은 수필가가 되려면'. 이생진의 '시 쓰는 즐거움')을 〈전원에서〉하고 〈수필예술〉에 올렸는데 너무 현격한 차이가 나요.

〈전원에서〉는 양태의 총무 단 한 사람만 봤어요. 〈수필예술〉에서는 수필에 대한 글은 11회, 시에 대한 글은 9회 이거든요.
미국 다녀온 사진도 매일 〈전원〉 cafe에 올리는데 보지도 않는 것 같아요. 헛수고만 하고 있어요. 지금은 hoover dam 사진을 올리는 중입니다.

딩신에게 〈시 쓰는 즐기움〉을 첨부로 보낼게요. 참 좋은 글입니다.
오늘은 무얼 하셔요. 환은 오늘 준이 린이 봅니다.
좀 쉬셔요. 체력 좀 보강하고.

6. 4 /환

〈메일 123〉 My dear 소라

하긴 누가 칭찬하든 말든 하는 것이 환의 스타일인데……. 사랑하는 사람에게 의지하고 싶은 마음이 들었나 봐요.

일단 미국여행 사진은 중점적으로 카페에 실을 거예요. 그리고 전원카페가 아사직전이라 살펴야 해요.

유인물이 잘 배달되어서 다행입니다. 모심기 책은 일반 우편물로 보냈는데 잘 들어갔군요.

아파트 팜플릿 보니까 어때요. 괜찮을 것 같지요.

세월이 흐를수록 몸의 회복이 늦어지는 것은 당연해요. 그런데 당신은 아무래도 당신이 추측한데로, 큰 수술 후 좀 무리한 것이 원인 같아요. 쉬면 좋아질 것이니 걱정 마셔요. 편히 쉬셔요.

O2 Grande는 후에 당신이 보시고 하셔요. 39평이나 45평 둘 다 안방을 칸막이로 막아서 2개의 방으로 하는 식이예요. 어떻게 보면 방이 4개, 어떻게 해석하면 방이 3개입니다. 안방 주인인 당신이 안방을 쓰면서 앞에 있는 방을 서제로 사용하는 것이 당연지사이지요. 그런 문제는 2011년에 결정하는 것이…….

아침에 일어나서 당신이 환의 메일을 보도록 쓰고 있어요.

이번은 아타카마 염호의 홍학을 보러가요.

6. 5 /환

〈메일 124〉 My dear 소라

축하해요. 스미스소니언 연구소 자원봉사자로 선정되었다니! 얼마나 기다리던 소식이었어요. 당신의 원기회복과 apart 당첨에도 영향이 있을 거예요. 좋은 일은 한꺼번에 오거든요.

당신이 Rice Lake쪽으로 10월에 가다면, 인디애나 주립대학도 간다면 Chicaco나 Washington D.C보다는 환이 St. Paul이나 Minneapolis의 Airport로 가는 것이 좋을 것 같아요. 이유는 겨울보다는 벼 추수기에 그곳에 가야하고 스미스소니언이 있는 워싱턴 D.C.가 겨울에 덜 추울 것이고, 이런 저런 것을 따져보니 그 후에 Washington D.C에 가는 것이 좋을 듯해요.

일하는 곳도 스미스소니언 Folkway니 잘 됐네요. 정말로 잘 되었어요.

환은 오늘 오후에 수진이와 대전에 가요. 16일에 수필문학 원고 교정이 있어요.

이번은 칠레의 마추픽추인 푸카라 유적으로 여행을 떠나요.

6. 6 /환

〈메일 125〉 My dear 소라

당신의 메일 보고 급히 답 메일 보내고 나가요. 당신이 기분이 좋으니 환도 좋아요. 등산 장비중 하나인 코펠이 집에 있어요. 가지고 갈려고요.

우리 아들 이야기가 중남미 여행에 차를 가져가는 것이 백번 좋대요. 멕시코에서 상파울로로 차를 싣고 쿠르즈 여행 어때요. 신날 것 같은데. 생각해봐요. 당신이나 나나 노인이라고 아이들이 걱정이 좀 많아요. 사실 모험이기도 하고요.

6. 7 /환

〈메일 126〉 My dear 소라

대전에 왔어요. 서울 당신의 책은 다 가지고 왔어요. 서울 집에 환 책,아들내외 책, 수진이 책, 준이 린이 책이 너무 많고 책의 종착역은 학하리기 때문이죠. 오늘 우편물 가지러 수진이랑 만년동에 가요. 2 덩이가 있대요.
차를 꼭 가져가자는 것이 아니고 그런 의견입니다. 좀 더 생각해 봐요. 나라에 따라서는 외국차를 못 오게 하는 데도 있대요.

미국이 신종 인플루엔자가 자꾸 늘어요. 세계의 7,000명 환자 중 4,000명이 미국에 있고 5명이나 사망했다고 해서 걱정입니다. 그나마 다행인 것은 노인과 어린애는 잘 안 걸린대요. 그래도 조심하셔요. 밖에서 들어왔을 때 손발을 꼭 씻고 양치하고 눈, 코, 입 등을 손으로 만지지 말고 음식 조심 하는 거래요.

코펠은 등산용 취사도구인데요, 작은 냄비, 주전자, 공기 등 입니다.
미국에서 쓰고 차와 같이 한국에 보내든가, 버려도 돼요.

여뿐 어디로 여행?

6. 8 /환

〈메일 127〉 My dear 소라

몸이 많이 안 좋다니 걱정이네요. 다리도 안 좋다니 그것도 걱정이구요. 좀 무리를 하셨나요. 병원에 가보시는 것이 어떠셔요. 당신이 다친 후에 당신과 환이 갔던 한국인 의사가 있는 병원. 아주 친절했지요.
환 때문에 갔던 병원 말고요.

당신이 남미에 가본 경험이 있으니까, 여행을 많이 한 경험이 축적되어 있으니까. 당신 의견에 따르겠어요. 그렇게 해요.

어서 빨리 건강을 회복하셔요. 그것만이 환이 바라는 거랍니다. 혼자 얼마나 힘드셔요.

만년동에 가서 편지박스 2개 가져다 놓았어요. 수필문학 편집도 잘 봤어요. 무주에 갔다 와서 오후나 밤에 올라갈 것 같아요. 서울 가서 메일 보낼게요.

건강을 기원합니다.

6. 9 /환

〈메일 128〉 My dear 소라

집에 도착하자마자 컴을 열었더니 반가운 당신의 메일이 도착했네요.

당신 메일 잘 봤어요. 쑥뜸을 하신다니 잘 하는 거예요. 쑥뜸을 해서라도 튼튼한 다리를 가져야해요. 다리가 건강을 유지하는 가장 중요한 부분이랍니다.

환이 옆에 있으면 주물러주고 할 텐데……. 몸조리 잘하셔요.

중앙아시아학회에서 등기가 왔어요. 내용은 알 수 없고요. 중요한 것인가 싶어 연락합니다.

오늘 여행은 어디로 떠나지요. 달의 계곡으로 여행을 떠나요.

6. 10 /환

〈메일 129〉 My dear 소라

장욱진 화백의 그림과 수필 잘 보고 읽었어요. 그림도 너무 독특하고 물론 글도 좋습니다. 아마추어 냄새가 나면서도 화가다운 정서가 묻어 있는 글이라 더욱 감동을 줍니다.

어젯밤에 서울에 와서 당신에게 메일 보내고 아침이 되어 또 아침 햇빛과 같이 메일을 보내요.
쑥뜸은 너무 자주하지 마시고 적당히 하셔요. 항상 넘치는 것 보다는 조금 모자라는 것이 좋으니까요. 반신욕이야 좋겠지요. 당신이 건강하기를 항상 빌게요.

오늘 당신은 무얼 하셔요. 환은 우선 차나무시낭송회에 원고를 보내고
시집 보내주신 분에게 편지 쓰고 오후에는 준이 린이와 놀 거예요.

지난 금요일에 우선 $5,000 환전했어요.
635만원 주었거든요.
환율이 1275원인가 얼만데, 환율이 어떻게 될지 모른데요.

오늘은 아타카마 염호로 여행을 떠나요.

6. 11 /환

〈메일 130〉 My dear 소라

당신 목소리 들으니 마음이 놓여요. 떠날 준비가 착착 진행되는데, 제일 중요한 건강이 회복되어야 돼요.

이곳에는 티티오 간헐천군이 있어요. 옐로스톤국립공원을 가보지 못했으니 이곳은 꼭 가보고 싶은데, 당신 생각은 어떠셔요.
송 목사는 아직 한국에 안 왔나요.

당신은 지금 새벽 3시경 꿈나라에 있을지도 모르겠어요. 환이 있는 서울은 오후 7시15분입니다.

맛있는 거 많이 드시고 운동도 열심히 하셔요. 다리 운동은 걷기가 최고입니다.

6. 12 /환

〈메일 131〉 My dear 소라

첨부 파일로 보낸 그림과 조각 잘 봤어요. 이해인 수녀의 시와 정호승의 시도 잘 읽었어요. 박 변호사도 외로우니까 이런 그림을 보내는 것이 아닌가 하는 생각이 듭니다.

내일 모래가 아파트 당첨자 발표일입니다. 그리고 계약체결 및 계약금(1천7백만 원) 납부가 6월 27일에서~6월 29일까지입니다. 좋은 결과가 있기를 바래요. 느긋하게 기다리세요.

오늘은 여행을 어디로 떠나지요. 해산물을 먹으러 항구도시 이키케로 여행을 떠나요. 여행에 지친 몸을 바다에 담구고 싱싱한 해산물을 사 드릴게요.

6. 13 /환

〈메일 132〉 My dear 소라

환은 밤 11시 10분전인데 당신은 오전 7시쯤 되겠어요. 일어나면 메일을 보겠지요.

오늘 서울대공원 〈현대미술관〉에 가려고 했는데 못 갔어요. 희정이가 급한 일로 회사에 가서 준이를 데리려 이대에 갔다 왔어요. 오후에는 아이들과 놀다가 낮잠을 잤어요.

준이가 자지 않고 옆에서 자꾸만 말을 시키고 한문을 묻고 영어도 물어서 메일이 잘 안되네요. 그래도 준이가 귀여워요. 당신은 손자 귀여운 거 잘 모를 거예요. 아니 준이와 린이를 보면 당신도 좋아하지 않고는 못 베길 걸요.

졸려요. 내일 새벽에 다시 메일 보낼게요.

6. 14 /환

〈메일 133〉 My dear 소라

1시 25분이 다 되었어요. 반가운 당신의 메일이 왔군요. 준이는 낮잠도 잘 안 자는데 어떤 때는 밤에 12시가 넘도록 안 자요. 그러니 아침에 일어나기가 힘들지요.
준이 린이는 지능이 한참 발달되는 시기인지 질문이 참 많아요. 질문을 못하게 하면 안 된다고 하니 답은 해야 하는데, 일일이 답해주기가 사랑스럽기도 하지만 귀찮고 힘들어요. 그래도 자세히 대답해 주려고 노력해요.

한약방에 가시는 거 잘 생각하셨어요. 아침식사 잘 하셨어요? 조기가 좀 짰군요.
오늘 환은 9시 50분 차로 대전에 갔다 밤 8시 29분차로 올라와요. 내일 준이 유치원에서 10시에 조부모를 초청했어요. 그곳에 가야해서요.
아파트당첨 발표를 보고 오려고 했었는데 부득이 와야 해요. 용서. 아파트 건은 동서에게 물어보거나 전화해서 알려드릴게요.

오늘은 사랑스런 라에게 음악을 보내고 싶어요. Vivaldi-Fourseason. 어때요. 당신에게 힘을 줄 거예요.

6. 15 /환

〈메일 134〉 My dear 소라

지금 시간이 오전 7시 50분, 아침 식사하고 간단한 준비하고 출발해야 해요. 모처럼 KTX를 타요. 그래서 당신에게 미리 메일 보내요. 오늘 밤에는 좀 늦을 거예요.

날씨가 좋아서 다행이어요. 지난 토요일과 일요일은 비가 내렸어요.
오늘아침 신문에는 소설가 ooo의 발언으로 시끄러워요. 대통령의 전용기를 타고 중앙아시아에 가서 광주사태에 대한 발언을 했어요. 영국도 프랑스도 비슷한 사건이 있었다고요.

노벨상을 타기 위해서 진보가 보수로 변절했다고요. 야단입니다. 저는 개인적으로 ooo을 싫어합니다. 우선 김일성에게 갔던 것부터 싫어요. 그리고 이북에 가서 6.25를 일으켜 수백만의 동포를 죽인 자를 을지문덕, 이순신, 세종대왕과 같은 영웅이라고 사탕발린 말을 했답니다. 그의 글을 읽은 것이 구역질이 나요. 한 때는 참 좋아한 사람이었는데. 아무리 글을 잘 써도 미친 사람 아니에요.

한약방에는 다녀오셨어요. 보약이라도 드셔야하는 것 아닌지.
대전 갔다 와서 보고할게요.

6. 16 /환

〈메일 135〉 My dear 소라

골반 쪽이 안 좋으시다면 문제가 있는 것 아닌가요. 수술부위군요. 지금까지도 괜찮았는데, 침을 맞으니까 좀 좋아지셨어요. 걱정이 많이 되네요.

아파트 당첨 건은 동서가 전해준다면 보다 확실하겠어요. 좋은 소식 기다릴게요.

모처럼 KTX를 탔는데 빈자리가 없어요. 자리가 꽉 차는군요. 소비가 늘었는지, 경제가 좋아졌는지 모르겠어요. 광명 서고, 천안 서는데, 58분에 대전에 가요.

전원에서 분위기는 사뭇 화기애애했어요. 날씨도 좋고요. 꽃들이 만개해서 강 시인의 비아리 집 뜰은 아름다운 천국이었어요.
오늘도 놀림을 많이 받았어요. 당신이 여기 있으면 얼마나 좋을까 하는 생각이 문득 문득 들었어요.

정상순 시인도 끝까지 함께했어요. 수필을 쓰는 안태승, 이정웅, 양창환씨는 한말글 사랑 모임으로 부득이 점심식사 후 갔어요. 장덕천 시인도요.

오늘은 지상화를 보러가요. 칠레에도 지상화가 있어요.

6. 17 /환

〈메일 136〉 My dear 소라

아파트 당첨을 축하합니다. 층수도 좋습니다. 전망이 끝내주겠어요. 애쓴 사람은 당신이구요. 동서도 역시 수고했어요. 동서에게 애썼다고 전화 해야겠어요.

inter net이 끝나면 좀 불편하겠어요. 메일 자주 보내지 마요. 화물이 많네요. 짐 싸느라고 힘 많이 드셨지요. 환이 잘 보관할게요.

유치원 잘 다녀왔어요. 환도 당신이 훌륭한 민요학자인 점이 자랑스러워요.

오늘은 어디로 여행을 하나요. 리우카 국립공원입니다.

6. 18 /환

〈메일 137〉 My dear 소라

층수는 좋은데 동수가 걱정이 좀 됐습니다. 허지만 지금 사람들은 전망의 중요성을 아니까 고려하지 않을까 싶기도 해요. 기다려 볼 수밖에요.

오늘은 비가 내렸어요. 오후에는 박희진 선생님댁에 갔어요. 고창수, 김동호, 배인환, 강문석, 전경배 이렇게요. 아파트는 아니고 빌라이네요. 새집인데요, 아주 잘 꾸며놓았어요. 시인의 집다운 분위가가 물씬 났어요. 저녁도 얻어먹고 술도 한 잔씩 들었어요. 사진도 몇 장 찍었지요.

당신은 오늘 무얼 해요? 짐을 붙이시겠군요. 무거운 거 들지 말아요.
그럼 내일 또 메일 보낼게요.

6. 19 /환

〈메일 138〉 My dear 소라

한 1주일 후에는 Tempe를 떠나시는군요. 생각해보면 Gateway Apt는 우리의 애환이 깃든 곳이지요. 오늘은 드디어 짐을 싸는군요.

Micro Oven은 가져가요. 쓰임새가 많을 거예요. 스미스소니언에서는 얼마나 근무하실 거예요. 당신이 그곳에서 근무한다는 것이 자랑스러워요.

당신 몸이 가뿐하다니 기분이 좋아요. O2 Grande는 주위가 좋아서 괜찮아요. 층수도 좋고요. 우리 손잡고 산책 많이 해요.

첨부해주신 피카소, 로이 리히텐슈타인, Svetlana Valueva의 그림 참 좋았어요. 당신 덕택에 명화들을 많이 감상하는군요.

쑥뜸을 해준 '김남수(94)옹 뜸 시술 불법' 이라고 신문에 났어요. 뜸 시술 자격증이 없다더군요.

박희진 선생님 집을 살펴보니까 부자입디다. 집 정리를 아주 잘 해놓았어요. 가지고 있는 미술품, 선생님 얼굴 조각상, 부처상 등이 많았어요. 책도 많고요.
요즈음 개성공단 때문에 좀 시끄러워요. 아마도 자유주의 사상이 이북 사회에 스며드나 봐요. 그래서 북은 폐쇄를 목적으로 되지도 않는 이유를 붙이고 있어요.

여보, 어디로 여행을 떠날까요. 아사파계곡 지상화를 보러 떠나요.

6. 20 /환

〈메일 139〉 My dear 소라

당신은 inter net이 없어 갑갑하겠어요. 메일 자주 안 보내도 돼요. 환도 그렇게 하겠어요. 더러는 간단한 문자 보낼게요. 쉴 때 가끔 보셔요. 잘 있다. 건강하다. 이거면 돼요.

이곳은 22일 새벽 2시입니다. 당신이 말한 대로, 짐 잘 찾아놓을게요. 그리고 환의 짐은 1개네요. 백 불은 환이 내야 할 것 같아요(미국에 가서 갚음). 이곳 세금도 환이 지불할게요. 걱정 말아요.

어제는 연대유치원으로, 카나다 문화원으로, 마트로 다녀왔어요. 바쁜 하루였어요.

오늘은 어디로 여행을 가나요. 칠레 남부로 가요. 푸에르토몬트입니다. 칠레 쪽 파타고니아를 여행하기위한 중심도시랍니다. 칠레의 파타고니아에 세계 제일의 트레일 코스가 있답니다.

6 21 /환

〈메일 140〉 My dear 소라

메일 때문에 학교에 나가셨군요. 그것도 걸어서 가셨어요. 또 걸어서 오셔요. 무리하지마시고 천천히 걸으셔요. 꽃도 감상하고, 하늘도 보시고.

토, 일요일은 편히 쉬셔요. 메일 보낼 생각도 하지 말고요. 그것도 부담이 될 수 있어요. 가벼운 산책이나 하면서. 호돌이에 가서 맛있는 것도 드셔요.

환은 오늘 대전 갔다 월요일에 올게요. 12시 12분에 내려가요. 조상의 묘, 이장 관계로 알아볼게 있어요. 또 휴일에 서울 집에 있기도 그래요.

오늘은 어디로 여행을 떠날까요. 앙헬모에 가서 당신이 좋아하는 해산물을 먹어요. 환도 어느새 부산 아가씨 따라 해산물을 좋아하게 됐어요.

6. 22 /환

〈메일 141〉 My dear 소라

어제 오후에 대전에 왔어요. 무풍에 있는 조그마한 밭과 그곳 산을 바꾸려 하는데, 지번을 물어서 알려 주어야 해요.

때때로 사람은 혼자 있는 것도 필요한가 봐요. 오늘은 집에 혼자 있을까 해요.

아실지 모르겠는데, 노무현 전 대통령이 봉하마을 뒷산 부엉이 바위에서 투신자살했어요. 도대체 이런 일이 왜 일어나는지! 한국은 지금 무척 시끄러워요.

대통령을 지낸 사람이 그런 짓을 하다니 청소년들이 무얼 배우겠어요.

당신은 오늘 무얼 해요. 되도록이면 쉬셔요. inter net이 안 되니 답답하지요.

어제 오후에 서울에 왔어요. 어느새 논에는 심겨진 모가 가득했어요.
산은 짙은 신록으로 물들고…….

어제 밤에는 보리수 시낭독회에 갔다 왔어요. 경제가 안 좋아서 그런지 시낭송회도 사람이 별로 없었어요.

부산 헌책방 골목이 TV에 소개되었는데, 반가웠어요. 소라도 그곳에 가봤지요. 서울 고서점은 없어지는데 부산이 유일한 곳이랍니다.

칠레 33을 보낸 것 같아 34를 보내겠습니다. 그런데 트래킹 비가 칠레 돈인지 미화인지 잘 모르겠어요. 미화라면 너무 비싸요.

6. 23 /환

〈메일 142〉 My dear 소라

메일을 보내려고 학교 컴퓨터 교실까지 걸어가셨군요. 그것도 computer를 지고! 메일이 와서 기뻤지만 너무 수고를 많이 해서 송구스러워요.

어제, 애교가 넘치는 목소리 들어서 너무 기뻤어요. 하루 빨리 회복되기를 빌겠어요. 먹기를 잘 먹어야 해요. 골고루 영양을 섭취하셔요. 잠은 충분히 주무시고

그래요, 골라서 구경해요. 다 볼 필요는 없어요. 꼭 필요한 것만 보고, 즐기는

여행이 되었으면 좋겠어요. 보내드리는 정보는 참고용입니다.

당신의 c.p 로밍은 알아볼게요.

어제는 inter net에 환의 정보가 얼마나 깔렸나 보았어요. 다음, 네이버, 구글에서 내 이름을 쳤더니 제법 시가 소개되어서, 환과 같은 무명 시인도 시 쓰기를 소홀히 해서는 안 되겠다는 생각이 들었어요.

환은 오늘은 캐나다 문화원에 가요. 무얼 하셔요?

오늘은 오소르노산으로 가요.

6. 24 /환

〈메일 143〉 My dear 소라

밥맛이 없으시다니 걱정이네요. 식욕은 건강의 척도랍니다. 언제부터 그러셨어요. 혹시 Dr. King이 준 약을 드셔서 그런가요.
어쩌면 좋아, 님은 이역만리 먼 곳에 있는데. 병원장에게 가면, 진찰을 꼭 받아보셔요. 여뽀! 건강이 제일 중요해요.

San Francisco까지 길이 너무 멀어요. 그러니 LA에서 하룻밤 자고 가요. 무리하시 마시고.

당신은 여자, 환은 남자이니까. 그리고 한국이니까 환은 inter net을 쉽게 할 수 있어요. 어려우면 문자를 보네요. '잘 있다' 이렇게 만.

7월 4일은 누님, 여동생, 리나(여동생 딸), 수진이를 오라고 했어요. 준이와 린이는 아직 너무 어려서 희정이는 다음에 오라고 하려고요. 당신 말대로 소박하고 아담하게 할게요.

하루 빨리 소라의 몸이 정상적으로 되기를 기원하겠어요.

6. 25 /환

〈메일 144〉 My dear 소라

당신 식욕이 회복되었다니 다행입니다. 먹는 것보다 중요한 것이 없거든요.

99번 도로를 타셨다니 내륙으로 가시네요. 하루에 500마일 이상 운전하면 무리라는데 너무 먼 길을 가시지는 않으셨어요. 졸리지는 않으셨어요. 만사는 불여튼튼인 거 알지요.

어제 서울대공원 현대미술관에 갔다 왔어요. 마침 인도현대미술전을 하고 있었어요. 미술이 어려웠지만 bindi라는 말을 배워왔어요.

빈디는 인도인의 두 눈 사이에 붙이는 물방울 모양의 장식인데, 오랜 시간 동안 지혜, 상서로움의 의미를 가져왔고, 무엇보다 빈디는 인간의 두 눈을 넘어서는 '세 번째 눈'으로서 지혜와 본질을 간파할 수 있는 제3의 눈을 뜻한다. ' 이렇게 설명하고 있었어요. 빈디는 결혼한 여성의 상징이기도 하대요.

야외에 있는 조각의 사진도 찍어왔는데 다음에 보낼게요.

오늘 환은 인천에 가요. 산하가 미술대회에 나간다나요.

어디로 여행을 떠날까요. 이스터 섬에요. 그런데 너무 멀어요. 비행기 값도 엄청날 거예요. 어쨌든 첨부합니다.

6. 26 /환

〈메일 145〉 My dear 소라

그리움 때문에 식욕이 없다니, 당신이 참 젊네요. 우리의 사랑이 깊고요. 환이 라의 사진을 가지고 다니듯 당신도 환의 사진을 가지고 다니셔요. 조금 나아질 거예요 ㅎ ㅎ ㅎ ㅎ.

Pomo Ceremony가 너무 쉽게 끝나는 거 아니예요. Ghost Dance곡은 녹음하셨어요. 좋은 성과 있기를 바랍니다.

차나무 시낭송회는 당신이 마음 속에 와있으니 잘 될 거예요. 너무 걱정 마셔요.

산하는 그림을 잘 그렸어요. 상이 기대돼요. 그림을 그린 후 Sea Food Family Restaurant에 가서 해물을 모두 배불리 먹었어요. 환도 칠레, 당신을 생각하며 배불리 먹었어요. 정작 주인공은 입이 짧아 잘 안 먹어요.
오늘도 Ceremony에 가신다고했지요. influ 조심하셔요. 환은 오늘 누님 생일이라, 누님에게 저녁 사드리러 가요.

오늘은 모아이 운반 방법을 첨부로 보낼게요. 참고삼아 읽어보셔요. 이스트 섬은 소라의 연구를 위해서는 가야하고 경비를 생각한다면 그만 두고, 어쩌지요. 당신이 간다면 환은 따라 가요. 그곳 주민이 인디오 라는 설도 있고요. 포리네시아 인이라는 설도 있나 봐요. 차후 결정해요.

대신 칠레 남부. 아르헨티나 남부인 파타고니아 지방을 안가면 될 거 같아요. 그곳은 Semi 남극지방이니까 추울 거예요.

6. 27 /환

〈메일 146〉 My dear 소라

네즈페르스 Nez Perce가 Idaho 중부에 사는 인디언이네요. 네즈페르스어도 있어요. 그런데 Nez Perce National Historical Park는 3군데입니다. 북쪽, 남쪽, 동쪽, 어느 쪽으로 가셔요.

길도 멀고요, 또 멀고요, 당신이 좋아서 하는 일이니 Marathon Race를 하듯 천천히 하셔요. 힘들면 가다가 자고, 쉬고, 환 생각하고…….
그곳에 Wild Rice & Rice Field가 있군요. 벼 사진 Olive Tree 사진도 좋았어요. 물론 잘 봤지요.

한국은 무척 어수선합니다. 북한은 핵과 미사일로 위협하고, 정치권은 노무현 전대통령이 자살한 것을 가지고 책임공방만 하고 직업 시위꾼들은 호재를 맞아, 다시 살아나고요. 왜 한나라가 망해갔는지 알겠어요. 이러다가 나라가 망하는 것이 아닌지.

오늘은 이스터 섬의 역사를 이야기할게요.

6. 28 /환

〈메일 147〉 My dear 소라

벌써 길을 떠나셨네요. 얼마나 놀라셨어요. 좁은 산골길, 앞에는 화재.
다시 접어든 길은 높은 산길. 그곳은 Rokey Mountains라 높은 산이 많으리라 믿어요. 산골길이라도 무슨 도로인지, 차가 많이 다니는지, 중간에 도시가 있느지? 지도를 잘 보셔요. 모든 것은 당신이 혼자 판단해야하니까 주의 깊게 살펴야 해요. 다행히도 겨울이 아니라 마음이 놓여요.

Dr. King이 준 약을 드시면 졸릴 거예요. 졸리면 눈 붙이고 나서 운전해야 해요. 이럴 때는 환이 옆에 있어야하는데…….

반 동겐의 그림도 잘 보았어요.

오늘은 이스터섬의 콘티키호의 모험을 들려드리겠어요. 이스터 섬은 궁금한 게 많은 섬이군요.

그리고 음악도 보내드려요.

7. 월광소나타 / 베토벤(Beethoven)
(Piano Sonata No.14 in c# 'Moonlight', op.27 #2 – 01 – Adagio)
피아노 소나타 제14번인 이 곡은 환상곡풍의 소나타이며 어느 날 밝은 밤 눈 먼 소녀를 위하여 즉흥으로 연주된 월광 소나타였다는 로맨틱한 이야기가 널리 퍼져 있다.

전에 월광곡을 보내드린 것 같지만, 좋은 음악은 들을수록 좋은 것임을 당신은 너무 잘 알지요. 쓸쓸한 여관에서나마 환을 생각하며 달빛 보며 들어보셔요.

6. 29 /환

〈메일 148〉 My dear 소라

당신에게 메일 보내려면 지도 찾는 것이 일과가 되었어요. 가바빌 Garberville은 California의 북동쪽에 있네요. 상당히 먼 길을 달린 거예요. Google Earth로 찾으면 쉽게 찾을 수가 있어요.

루이스턴Lewiston이 어디인지는 알겠는데, 몇 번 도로로 가시는지는 알 수가 없네요. 아마 우리 님이 가는 도로는 395번이 아닐까 생각해 봅니다.

루이스턴은 교통의 요지이군요. 그곳에서 네즈페르스Nez Perce가 가까운 모양이지요.

동서에게서 전화가 왔는데 7월 미국여행은 '서부지역 패키지 여행'으로 일단 하고 여행이 끝난 후에 당신을 뵙는답니다. 환 생각으론 그 방법이 서로에게 좋을 것 같아요. 연구 하는 소라뿐 아니라, 박수광 동서 내외에게도 알찬 여행이 될 것 같아요.

오늘 환은 〈꽃다지와 느티나무〉를 다시 수정하려고요. 자꾸만 수정할 곳이 보여요.

오늘은 이스터 섬의 〈오롱고의 조인 의례〉를 보내드릴게요.
또 소식 전할게요.

6. 30 /환

〈메일 149〉 My dear 소라

소라에게 조금이라도 힘을 보태려고 환도 매일 지도 따라 미국 여행을 해요. 여행은 즐거운 것인데, 그래서 그런지 기분이 좋아요.

지금은 위버빌Weaverville에 계시는군요. 일기는 어떠셔요. 춥지는 않으신지?
그곳은 북쪽이고 산중이라, 감기에 걸리지 않도록 두꺼운 옷을 옆자리에 꼭 놓으셔요.

잔소리- 커피와 약은 좀 띄워서 드셔요. 하하하……. 사스타 트리니티 국유림Shasta Trinity National Forest는 상당히 크네요. 지도를 보니까 299번 길 옆, 북쪽에 위버빌이 있네요. 당신은 지금 산골길로 가고 있군요.

환 생각으로는 299번을 따라 달리는 것이 좋겠어요. 그것이 안전할 것 같아요. 위버빌은 환의 Atras에 나와 있지도 않아요. 구글어쓰Google Earth에서 찾았어요.

이스터 섬에는 또 하나의 흥미로운 것이 있어요. 그것은 코하우 롱고롱고 글자이지요. 첨부로 보낼게요.

이제 칠레는 Adieu야요.
로키산맥 좋은 경치 혼자만 보고.

6. 30 /환

〈메일 150〉 My dear 소라

오늘 아침에 Atlas에서 위버빌을 찾았어요. 사스타 트리니티 국유림은 너무 광범위해서 위쪽에 가서 찾아서 못 본 것 같아요. 당신은 299번 도로를 타고 아이다호 주로 가는 것이 좋을 것 같아요. 먼저 레딩Redding으로 가서 앨투라스Alturas를 찍고 가다가, 자고 가다가, 자고 천천히 가시면 돼요. 도중에 조그마한 도시들이 많이 있어요.
당신은 이미 위버빌을 떠나셨지요. 네즈페르스Nez Perce(인디언 종족)로 얼마나 가셨는지요.

아무래도 시집을 서둘러 내고 하루라도 빨리 당신에게 가야겠어요.
환은 오늘 원고를 볼게요. 수정하고 수정해야 되거든요.

칠레와는 잠시 이별하고 아르헨티나로 가요. 우선 아르헨티나 정보를 첨부로 보낼게요.

당신이 길을 잘 찾고 고생을 안 하도록 기원합니다.

환

〈메일 151〉 My dear 소라

당신이 메일 보내는 것이 쉽지 않다고 생각하면서도 기다려져요.
오리건Oregon주에 도착하셨군요. 번즈Burns는 교통의 요지네요. 모처럼 장대비를 맞으셨네요. 차 상판을 때리는 소리가 요란했겠어요. 바로 옆에는 호수가 있고.

내일은(당신은 오늘) 20번 도로를 타고 온타리오Ontario에 가서 201번으로 웨이즈Weiser에 가고 95을 타고 그랜즈빌Grangeville 못미처서 네즈페르스 국립역사전쟁기념공원Nez Perce Nat'l. Hist. Indian War Park & Mon 이네요. 먼 길입니다. 조심해서 가셔요.

사진 잘 봤어요.
두 장의 목장, 두 장은 강, 한 장은 박물관. 모두 저장해 놓았어요.
식사 잘하셔요. Steam Rice(밥)가 있어서 좋아요.

오늘은 모처럼 한강변에 나갔어요, 도원동 집에서 가까워요. 자전거를 타고 갔어요. 내일 무슨 이야기를 하나? 하는 생각도 하고요. 즐기면서 하려고 해요.

10월 3일(토) 추석이고요. 아버님의 제사가 8. 28(금)이어요. 아무리 빨라도 아버님의 제사는 지내야할 것 같아요.
좀 서둘러 볼게요.

오늘은 아르헨티나의 수도, 남미의 파리 부에노스아이레스로 떠나요.

환

〈메일 152〉

라는 아침 10시부터 호텔 셔틀타고 나가
당신 나오시는 모습 고대 고대 ㅎ ㅎ
좌석이 창 옆이라니 잘 되었어요.
그런데 날개 위는 아니죠? ㅎ ㅎ

여뻐, 어서오셔요.

라

〈메일 153〉 My dear 소라

hotel nikko narita에서 자고 일어났어요. 이곳 시간은 7시. 어젯밤에 이곳에 도착해서 당신에게 전화 두 번 했는데(이곳 시간 8시) 전화기를 꺼놓아 통화 못했어요. 오늘 아침 inter-net 찾았어요. 따라서 급히 E-mail 보내요.

출발은 오늘09Sep(Wed) 오전 11시야요. 기종은 JL006이구요. 도착은 09Sep(Wed) 11. 15 (도착시간은 오늘 가지고 있는 티켓에는 없네요)
공항은 New York/John Terminal 1 Jal International이야요. 좌석은 당신 기도 효험으로 창 옆이네요.

나오실 거죠? 당신을 안을 걸 생각하니 가슴이 벅차요 라도 가슴이 뛰지요, 소녀처럼.

9. 8 /환

〈메일 154〉 My dear 소라

그러니까 문화의 중심지가 파리에서 뉴욕으로 간 것이 아닐까요. 문화를 사랑하는 우리 소라도 그곳에 있으니까. 그 유명한 NYU와 컬럼비아 대학, 쥴리아드 음대도 바로 부근에 있군요.

좋은 친구들과 재미있게 보내세요. 남자들도 있으니 분위기가 더 좋겠어요.
살 수누셔요, 환의 전사, 쿨쿨 .
장외하드가 당신에게 꼭 필요할 거야요.

9. 9 /환

수필

CONTENT

CONTENT

내가 본 사막 1

사막은 사하라 사막 같은 모래사막만 사막인줄 알았다. 그러나 사막은 모래사막만 있는 것이 아니다. 남극 같은 만년설이 쌓여 두꺼운 얼음 층으로 인하여 식물이 자랄 수 없는 곳은 영구빙설 사막이라고 한다. 따라서 세계에서 제일 큰 사막은 남극대륙(14,000,000km²)의 영구빙설 사막이 이에 해당된다. 그린란드 사막과 툰드라 사막도 있다. 물론 모래사막으로는 가장 큰 사막이야 사하라 사막이다. 넓이가 9,400,000km² 이다. 이 넓이는 미국의 국토(9,826,675km²)에서 캘리포니아 주(423,970km²)의 넓이를 뺀 땅과 비슷하다. 굉장하지 않는가. 사막은 자갈 사막, 바위 사막도 있다.

사막에 대하여 그 동안 많은 이야기를 들었다. 그러나 직접 눈으로 보아야한다.

미국 서남부의 사막은 TV에서 본 사막과는 많이 달랐다. 사막은 위도에 의해서 결정되는 것이 아니고 강우량에 의해서 된다. 대체로 사막은 강우량이 250mm이하인 곳이다.

자료를 찾아보니까 미국의 큰 사막은 7군데이다. 이렇게 많은 사막이 미국에 있는지 몰랐다.

* 그레이트베이슨 사막The Great Basin Desert 190,000 평방미일 (494,000km²)
(네바다 주 북쪽의 블랙록 사막 포함)

* 그래이트솔트레이크 사막 The Great Salt Lake Desert 7,200평방마일 (18,720km²)

* 데스밸리 사막 Death Valley Desert 7,800km²

* 모하비 사막The Mojave Desert 65,000 km²

* 소노란 사막The Sonoran Desert 311,000km²

* 치와와 사막 The Chihuahuan Desert 362,600km²

* 콜로라도 사막 The Colorado Desert 28,000㎢

이들 사막이 위치한 곳은 애리조나, 뉴멕시코, 텍사스, 유다, 네바다, 캘리포니아 주와 멕시코 북부에 위치해 있다.

이들 주 말고도 미국의 서부에 해당하는 워싱턴, 아이다호, 와이오밍, 오리건 주에도 작은 사막들이 있고 또한 캐나다의 서남부에도 작은 사막들이 있다.

미국 서남부의 사막을 가까이서 본 것은 뉴멕시코 주의 앨버커키에서 샌타페이Santa Fe에 가는 도로변에서였다. 시내를 벗어나자 사막이 나타났다. 낮은 산과 구릉에는 잿빛 땅에 붙은 나무와 풀이 듬성듬성 나있을 뿐 농장이나 목장은 보이지 않았다. 사막이라기보다는 황무지로 보였다. 가끔 가다가 산에 내 키 정도의 관목의 숲이 보이기도 했다.

그런 곳에 커다란 도시가 들어섰다. 도시에는 우수한 대학과 연구소가 있다. 사막을 발전시키려는 미국 정책의 일환이 아닐까? 이 넓은 사막에 무엇이 숨어있을지? 그것을 탐구해내려는 뜻일 것이다.

이 쓸모없어 보이는 사막에 광물이 많이 매장되어 있다. 그 중에서도 검은 황금 석유이다. 세계 5대 석유 산유국은 사우디아라비아, 미국(서남부), 아랍에미리트, 이란, 이라크 이다. 모두가 사막 지역이다.

탐사와 채굴 기술의 발달로 셰일 오일이나 오일 샌드 등 화석연료가 부상하면서 사막의 중요성은 더욱 높아지고 있다. 미국의 그레이트 베이슨 사막에는 엄청난 석유 자원이 매장되어있다.

사막에서 가장 풍부한 것은 햇빛이다. 태양열 발전소의 좋은 후보지이다. 석유와 햇빛은 에너지의 근원이다.

내가 본 사막 2

미국은 불모의 사막을 군사시설로 사용하고 있다. 원자탄이나 수소폭탄 실험을 사막에서 하고 있었다.

뉴멕시코 주의 남쪽과 텍사스 주의 서북쪽은 치와와 사막The Chihuahuan Desert이다. 이곳에 미국에서 제일 큰 군사시설이 두 곳이나 있다.

뉴멕시코 주의 남쪽에 알라모골도Alamogordo시가 있는데, 인구 35,582명의 작은군사 도시이다. 주민들 대부분이 퇴역 군인과 군속이다.

이 도시는 해발 1,322m의 고지대에 있으며 연강수량이 264mm인 사막 기후이다. 도시 서쪽에 유명한 투라로사 분지Tularosa Basin가 있다.

투라로사 분지의 넓이는 16,800km² 이며 남북 길이가 240km이고 넓이가 100km이다. 동쪽에는 세크라멘토 산맥Sacramento Mts이, 서쪽에는 산안드레스San Andes와 오스크라 산맥Oscura Mts이 있다. 북쪽은 코로라도 고원 지각 판이 있고 남쪽은 화이트 샌드 내셔널 모뉴먼트White Sands National Monument가 있다.

지형적인 특성으로 투라로사 분지에는 홀로만 공군기지Holloman Air Force Base와 역사적인 트리니티 핵실험 사이트를 포함한 화이트 샌드 미사일 기지the White Sands Missile Range with the historic Trinity nuclear test Site가 있다. 이곳이 미국에서 제일 큰 군사시설이다.

핵 실험이나 미사일 발사 등 모든 것을 수행할 수 있는 군사시설을 갖추고 있다. 제2차 세계대전 때 일본에 투하된 원자탄도 뉴멕시코 주의 북쪽에 있는 로스 알라모스 원자력연구소에서 만들었고 이곳에서 핵실험을 거쳤다.

텍사스 주와 뉴멕시코 주의 접경지에 엘 페소라는 특이한 도시가 있다. 텍사스 주에서 여섯번째 큰 도시이고 미국에서도 19번째 큰 도시이다. 인구가

665,568명이다. 이 궁벽한 지역이 이렇게 큰 도시가 된 이유가 있다.

이곳에 볼리스 요새(미국 육군 대공방어 센터)가 있는데, 뉴멕시코 주의 남쪽 지역까지 뻗쳐있어, 넓이가 4,400km² 로, 미국에서 2번째로 큰 군사시설이고 그곳의 군사비는 지역경제에 커다란 도움이 된다.

모든 군사시설은 미국일지라도 비공개이다. 그러나 지도에는 엄연히 표시되어 있다.

중요 군사시설인 화이트 샌즈 미사일 레인지White Sands Missile Range(8,300km²)는 크기가 블리스 요새의 약 2배이다.

치와와 사막은 사막이지만 이렇게 국가 안보에 중요한 시설물을 제공해준다.

내가 본 사막 3

남미에도 사막이 있는 줄은 꿈에도 몰랐다. 남미의 서부 태평양 연안에 사막이 있었다. 남미의 사막으론

*아타카마 사막Atacama Desert칠레북부–페루–105,000㎢
*세추라 사막Sechura Desert피울라지역의 페루–188,735㎢
*라 과히라 사막La Guajira Desert북부의 사막 콜롬비아와 베네주엘라
*파타고니아 사막Patagonia Desert남미에서 가장 큰 사막–아르헨티나와 칠레의 남쪽 끝
*몬테 사막 Monte Desert아르헨티나

이 중에서 칠레의 서북쪽에 있는 아타카마 사막, 페루의 북서쪽에 있는 세추라 사막, 아르헨티나의 중서부에 있는 몬테 사막 등은 직접 가보았다. 아타카마 사막과 세추라 사막은 붙어 있다. 몬테 사막은 안데스 산맥을 사이에 두고 아타카마 사막과 붙어 있다.

아르헨티나의 서쪽 국경 근처에 있는 멘도사에 갔을 때 사막의 징조가 뚜렷하게 나타났다. 사막이 되는 조건은 바로 강수량이다. 이 도시의 평균 강수량은 223.2mm이다. 11월부터 2월까지 반 정도의 비가 내린다.

그보다 먼저 아르헨티나의 중부에 있는 코르도바에 갔을 때 사막의 징조가 나타났다. 멘도사보다는 심하지는 않았지만 건조지대라는 것을 알 수 있었다. 코르도바는 아르헨티나에서 두 번째로 큰 도시이다.

멘도사는 사막지대지만 세계적인 포도 생산지가 되었다. 여름철에 내리는 비와 안데스 산맥의 눈 녹은 물을 저수지에 저장해두었다가 대규모 관개시설로 포도와 올리브 과수원을 조성했다. 포도재배에 가장 필요한 것은 햇빛과 물이다. 사막에는 햇빛이 풍부하다.

멘도사에는 이런 과수원이 끝이 보이지 않을 정도이다.

멘도사 근처의 안데스 산은 나무가 거의 없는 회색의 산이다. 물론 높은 산들이기 때문이기도 하지만 산기슭에도 나무는 없었다. 칠레의 수도 산티아고도 멘도사와 비슷했다. 산티아고의 교외에도 포도원이 많았다.

칠레의 라 세레나에는 엘키강이 흐르고 있는데 강을 따라 끝없이 포도원이 있었다. 이곳도 사막이다. 사막에는 물만 있다면 과일이 잘 열린다. 그리고 포도가 달다. 바로 햇빛이 풍부하기 때문이다.

라 세레나까지는 미국 서남부의 사막과 비슷했으나 아리키파 위쪽은 풀한 포기 찾기 힘든 그런 사막이었다. 세계에서 가장 선소한 사막이란다.

안데스 산맥의 서쪽 해안지방이 특히 심했다. 도시들은 작은 강 하구에 조성되었다.

사막지대의 도시는 광산지대이다. 남미의 사막 도시들도 광산지대이거나 해양의 도시들이었다. 세계 최대의 노천 구리 광산인 추키카타마 광산도 아타카마 사막에 있다. 수산업과 관광이 주임을 알 수 있었다.

제 2의 고향 피닉스Phoenix

애리조나 주 피닉스에 둥지를 틀었다. 이곳에서 6개월을 머물기로 했다. 그것은 소라가 인디언에 대한 연구 전초기지를 애리조나 주의 주도 피닉스로 정했기 때문이었다. 피닉스는 '불사조' 라는 뜻이며 사막에 세워진 도시이다. 인구가 1,445,750명으로 미국에서 여섯 번째로 많은 도시이다. 대도시권으로는 14번째이다. 피닉스는 소노란 사막지대에 있지만 겨울에 따뜻해서 부호들의 겨울별장으로 인기가 높다. LA에서도 겨울에 부자들이 피닉스로 온다.

그 도시를 소라가 선택한 이유는 두 가지이다.

첫째가 그 도시에는 애리조나 주립대학이 있고 그 대학에 소라가 교환 교수이기 때문이었다. 그녀는 지난해 8개월을 피닉스 템피의 한 아파트에서 보냈다.

소라가 교환교수로 ASU(애리조나주립대학)에 가게된 것은 리차드 헤이퍼 Richard Hafer 교수가, 민요연구가로 인디언 민요를 연구하고 싶어 하는 소라를 교환 교수로 천거했기 때문이었다. 헤이퍼는 애리조나주립 대학의 교수로 멕시코 음악과 인디언 음악에 연구 실적이 많은 학자이다.

그는 무슨 이유에선지 한국을 좋아했다. 한국 고아를 두 명이나 입양해서 키운 고마운 사람이다.

둘째는 피닉스는 애리조나 주의 주도이며 주의 한가운데에 있고 서남부의 여러 곳에 가기가 편리하다.

애리조나 주는 기후적인 조건이 좋아서 그런지 미국에서 가장 많은 인디언이 살았고, 지금도 그 후예들이 살고 있다. 또한 유적도 많다. 인접해 있는 주들, 뉴멕시코, 캘리포니아, 네바다, 유다, 콜로라도 주 등도 인디언들이 많이 살고 있다.

이 지역의 선사시대 인디언들은 다음과 같이 구분된다.

*아나사지Anasazi- Keet Ruin, Betatakin Ruin
*모고론Mogollon- Kiva Ruins, Kinishba Ruins, Cliff Dwellings
*호호캄Hohokam- Snake Town, Casa Grande Ruins, Ventana Cave
크게는 이렇게 봐왔으나 고고학자들은 다음 두 종족을 더 기술하고 있다.
*시나구아Sinagua- Wupatki N.M. Tuzigoot N.M. Montezuma Castle N.M. Tonto Basin
*파타얀Patayan- the ancestry of the modern Yuma, Mojave, Cocopa, Walapai, Havasupai, Yavapai, Maricopa

미국에는 200여 혈통의 인디언 종족이 살고 있다. 미국에서 가장 큰 나바호 인디언 국가Navaho Nation가 애리조나 주에 있다.

그러므로 인디언문화를 연구하기에 좋은 지역적인 여건을 가지고 있다.

애리조나 주는 뭐니 뭐니 해도 대협곡 그랜드 캐니언Grand Canyon이 있는 주이다. 미국에 가서 그곳을 안 가 볼 수는 없지 않을까? 이 이외도 서남부에 많은 관광지가 있다. 나의 목적은 소라와 달리 관광에 있다.

투산Tucson

피닉스 남쪽 172km, 멕시코와의 국경으로부터 98km 떨어진 곳에 있는 투산은 인구 525,796, Metro 989,569명으로 도시권으로는 미국에서 33번째, 대도시권으로는 52번 째 되는 도시이다.

투산은 일명 올드 푸에블로 혹은 옵틱스 밸리Optics(광학) Valley이라고 한다. 투산도 소노란 사막Sonoran Desert에 있으며 애리조나 주에서 두 번째 큰 도시로 피닉스 보다 역사가 깊은 도시이다. 연간 강우량은 아래와 같다.

Rainfall in inches(2005) 1인치=25.4mm

1	2	3	4	5	6	7	8	9	10	11	12	년
.89	.84	.76	.39	.18	.27	2.02	2.16	1.16	.75	.77	.97	11.15(263.21mm)

투산은 사방이 높은 산으로 둘러싸인 분지이며 샌타크루즈 강에 접해있다. 기후는 사막기후이며 여름은 매우 무덥고 겨울은 온난하다.

투산은 피닉스 보다 훨씬 서늘하고 습도가 높다. 그 이유는 도시의 고도가 728m로 높기 때문이다.

투산은 고도古都인 셈이다. 고도인 만큼 관광산업이 발달되었다. 12,000년 전에 Paleo-Indians이 이곳에 왔고 4,000년 전에 사람이 산, 마을 터가 발견되었으며 최근의 고고학적 발굴에 의하면 BC 1,200에서 AD150년까지 광범위한 농경지와 옥수수, 콩, 다른 곡물을 재배한 흔적과 사냥을 한 자료를 발견했다고한다.

AD 600년에서 1450년까지 호호캄Hohokam의 거대한 관계수로가 발견되었다. 이렇게 농사를 짓던 호호캄들은 1450년에 흔적 없이 사라졌는데, 수수께끼로 남아 있다. 어떠한 기록도 없기 때문이다.

외침에 의한 것인지 기후변화인지 확실하지는 않다. 다만 기후 변화로 인한 산 페드로 강의 물이 급속히 줄어들어서 농사를 지을 수 없었기 때문인 것으로 추측할 뿐이다. 이곳을 흐르는 산 페드로 강은 일 년 내내 흐르는 강이었으나 지금은 비가 올 때만 흐르는 건천으로 변했다.

이 도시의 가장 큰 문제는 물에 있는 듯하다.

투산의 인근인 툼스턴에서 은광이, 비스비에서 구리광이 발견되면서 번창했다. 투산은 우주 항공전자공학, 정보통신, 광학분야 등이 발달되었다.

볼거리로는 사구아로 국립공원과 소노란 사막 박물관이 있다. 근처에는 폐비행기 처리장이 있다.

애리조나 주

애리조나 주 하면 카우보이가 연상된다. 애리조나는 pima어에서 유래한다.

a'al-sho-shon(many springs) shon kam: spring a'al:child 이다. 샘과 관련이 있다. 사막지대라 이런 언어와 관련이 있는 것 같다. 미국에서 6번째 큰 주이다. 인구는 6,392,017명이며 점점 늘어가고 있다.

중요한 도시는 주도인 피닉스, 고도인 투산, 북쪽의 프랙스태프 서쪽의 유마 등이다.

원래는 멕시코의 영토이었으나 멕시코 전쟁이후 우여곡절 끝에, 1912년 48번째로 미국의 주가 되었다.

애리조나 주와 이웃한 뉴멕시코 주 남부 캘리포니아 주는 몇 십억 년 전에는 물 아래 있었다. 1억 7천만 년 전부터 바다가 말라서 거대한 모래침전물을 남겼고 약 3천만 년 전에 화산 활동과 침식과 웅기 작용으로 현재의 모습으로 되었다.

애리조나 주는 북쪽은 고원 사막지대로 콜로라도 고원Colorado Plateau이 있다. 중부는 동쪽의 화이트 마운틴White Mountains(Mount Baldy11,404feet)과 프랙스태프 북쪽의 샌프란시스코 피크San Francisco Peaks(험프리 피크Humphreys Peak12,679feet) 같은 산악지대, 남쪽은 Basin and Range의 낮은 사막지대로 구분한다.

애리조나 주에서 빼놓을 수 없는 것이 강이다. 물론 수계는 콜로라도 강이다. 주의 중심부를 흐르는 강으로는 콜로라도 강의 지류인 힐라 강과 솔트 강이 있다. 이 밖에 작은 지류들이 있다.

이곳에 원주민들이 정착한 시기는 BC 3만년에서 5만 년 전으로 보는데 그 당시는 비가 많이 오고 고온 다습해서 사람살기에 적당한 곳이었다고 한다.

아메리카 원주민들은 중앙아시아의 몽고계로 베링 해를 건너 쭉 내려오다 이곳에 정착한 것으로 본다.

약 5000년 전부터 기후가 무슨 이유인지 돌변하여 비가오지 않고 건조해지는 지금의 사막 기후로 바뀌었다.

그러니까 인디언들이 이곳을 생활터전으로 삼은 때는 지금보다 살기 좋은 조건이었을 때이었다.

애리조나 주의 나무는 팔로 베르디Palo Verde이고 꽃은 사구아로 선인장꽃Saguaro Cactus Blossom, 새는 캑투스 렌Cactus Wren이다.

애리조나 주의 광물은 구리이다. 구리의 생산량은 미국에서 1위이다. 구리 외에 아연, 납, 은을 생산한다. 오일펌프는 발견하지 못했음으로 유전은 없는 것 같다. 사막지대임으로 언제 셰일 오일이나 오일 샌드 등 화석연료가 발견될지 모른다.

애리조나 주의 남쪽에 미국에서 가장 큰 키트피크 국립천문대Kitt Peak National Observatory가 있다.

공업은 전자 항공 산업이 주로 발달하고 있다. 관개수로를 이용하여 목화재배를 많이 한다는데 목화밭을 본 기억은 없다. 키 큰 폰데로사 소나무 숲이 도처에 많다.

애리조나 주의 주도인 피닉스는 은퇴한 부자들의 겨울별장이 참 많다. LA에 살던 사람들도 겨울에는 이곳에 온다. 한 여름은 굉장히 덥다.

요즈음은 우리나라 야구팀들이 애리조나 주의 투산에서 겨울 훈련을 한다. 피닉스는 미국에서 골프장이 가장 많은 곳이라 비용이 적게 든다.

미국은 어떤 나라인가?

미국이 어떤 나라인가를 표현하기는 어렵다. 브리태니커 백과사전도 60페이지를 할애하고 있다. 여기서는 아주 간단하게 소개하고자한다.
미국 땅은 일반 적으로 '신의 축복 받은 땅' 이라고 한다. 미국은 대략 다음과 같다.

인구는 313,260,000명
영토는 9,826,675km² (세계4위)
2011년 GDP는 $15조 650억(세계1위)
일인당 $48,147(세계7위)

미국의 지형은 서부에는 로키산맥이 있고 동부에는 애팔래치아 산맥이 있으며 중앙에는 대분지 초원이 있다. 동북부의 오대호지방과 서남부의 사막지대 동부에는 뉴잉글랜드지방과 남부의 플로리다가 있다.

미시시피 강은 세계에서 4번째로 큰 강으로 중앙대평원을 거쳐 멕시코 만으로 들어간다. 이 이외에 세인트 로랜스, 리오 그란데, 콜로라도, 컬럼비아, 허드슨, 포토맥 강 등을 포함 50만개의 강과 내가 있다.

알래스카 주는 한대지방이지만 지하자원이 많고 국방의 요충지이다. 1867년에 러시아가 이 땅을 미국에게 (달러로 환산하여) 720만 달러로 매각했다. 그 당시 국무장관 윌리엄 슈워드가 매입했다. 우리나라가 사들였으면 참 좋았을걸. 1867년은 우리나라는 명암도 못 내밀 시절이긴 하지만.

미국은 지하자원이 풍부하며 땅이 비옥하고 넓은데다 인구가 적당하여 세계에서 가장 상공업이 발달된 나라이다.

세계 최고의 과학 기술과 좋은 고등 교육기관, 연구소는 세계 두뇌를 불러드리는 계기가 되어 과학과 경제 분야에서 역대 노벨상 수상자가 월등 많다.

물리학에는 1901년에서 2012년까지, 1위 미국이 92명 2위인 독일이 32명이다. 화학분야는 1위 미국이 65명 2위인 독일이 29명이다. 생리 의학 분야는 미국이 95명이고 2위인 영국이 33명이다. 경제학 분야는 미국이 52명인데 반해 2위인 영국이 8명이다. 독일은 2명이다. 노벨 평화상은 미국이 22명 영국이 14명 프랑스가 12명이다. 문학은 프랑스가 15명 영국이13명 미국이 12명 독일이 10명이다.

노벨상 수상자 중에는 출생은 다른 나라이지만 미국으로 귀화한 사람들도 더러 있다.

국가의 발전과 평가는 역시 사람이 중심이 되는 것이고 학문과 예술이 키워드라고 할 수 있다.

기후는 아열대, 온대, 지중해성 기후, 사막기후, 알래스카의 한대기후 등 다양하다.

미국의 GDP는 세계 GDP의 1/4(25%)이다. 두세 번 째로 GDP가 많은나라인 중국이나 일본이 각각 세계 GDP의 9% 정도이다.

미국은 2011년 국가 경쟁력이 가장 높은 나라 1위로 선정되었다.

초 강대국이면서 대통령제 민주주의가 잘 발달된 나라이다. 건국이념인 청교도 정신에 의해서 평화와 자유를 신봉하며 나아가 세계 평화를 위해서도 애쓰고 있으나 국내로는 인종문제, 그 중에 흑인과 인디언 문제를 안고 있고 국민의 비만도 심각하다. 근래는 경제적인 불황과 실업도 큰 문제이다. 밖으로는 반미와 9.11에서 본 것처럼 테러의 위협에 직면해 있다.

미국은 세계 평화와 자유를 유지하기 위해서 인류 공동의 악을 분쇄하기 위해서 애쓰고 있다.

유럽의 여러 나라에 비하여 역사는 짧아 유적은 많지 않지만 미술과 음악, 문학 등은 유럽과 대등한 관계를 유지한다고 볼 수 있다. 특히 팝아트, 대중음악, 영화를 주도하며 많은 대가를 배출하였다. 문화예술의 중심이 파리에서 뉴욕으로 바뀐지 오래됐다.

중국이 미국과 비슷한 국토와 4배나 많은 인구의 싼 노동력으로 미국을 넘보고 있지만 내 개인 생각으론 요원한 문제이다. 너무 인구가 많은 것은 국가 발전에 도움도 되고 저해 요인도 된다.

미국인들은 1등 국가로 애국심이 많고 자부심도 크다. 생일날에 성조기를 게양하는 국민들도 많다. 생일날에 국기를 게양하는 국민은 위대한 국민이다.

샌타페이와 앨버커키

샌타페이와 앨버커키는 뉴멕시코 주에 있는 도시들이다. 미국에서 처음 찾아간 곳은 앨버커키이다. 앨버커키가 뉴멕시코 주의 주도인줄 알았다. 앨버커키가 샌타페이 보다 훨씬 컸기 때문이었다. 주도는 샌타페이다.

앨버커키는 인구가 552,804명으로 미국에서 32번째 큰 도시이다. 대도시권으로는 57번째 이다.

이 도시에는 뉴멕시코대학(UNM), 샌티아국립연구소Sandia National Laboratories, 킬트랜드공군기지Kirtland Air Force Base, 암각화국립공원 등이 있다.

앨버커키는 교통이 요충지이다. I-40 도로와 I-25 도로가 교차하는 곳에 있다. 동쪽에는 샌디나산맥이 있고 코로라도 주의 로키 산맥에서 근원하여 멕시코 만으로 흘러드는 리오그란데 강이 외각으로 지나가는 도시이다. 리오그란데 강가에는 푸에블로 인디언들이 많이 거주하고 있다.

샌타페이는 세계적인 예술의 도시이다. 뉴멕시코 주의 주도이며 역사가 깊은 도시이다. 스페인이 미국의 서남부를 통치했을 때 샌타페이에 총독청사가 있던 곳이다. 지금도 그 총독청사가 시내 중심지에 있다. 가장 스페인적인 도시이며 멕시코적인 도시라고 일컫는다.

샌타페이는 인구가 67,947명의 중소 도시이다. 뉴멕시코 주에서도 4번째 도시이다. 상그레데크리스토 산맥 기슭 샌타페이 강변에 있다. 건조하고 건강에 좋은 기후로 여름 휴양지로 인기가 높다. 겨울에는 스키장이 많아 스키족들이 많이 찾는다.

이런 이유로 샌타페이는 차츰 예술의 도시로 변모했다. 뉴욕, LA와 더불어 미국의 3대 예술의 도시라고 하는 것은 수많은 박물관과 미술관이 있고 조지아 오키프 같은 미술가들이 이곳에 이주해서 살았기 때문이다.

예술의 도시인만큼 외국관광객이 많다. 그래서 여관비와 물건 값이 비싼 편이다.

도시의 건물은 전부가 어도비Adobe로 지어졌다. 박물관, 미술관, 성당, 상점, 여관 할 것 없이 전부가 어도비이다. 심지어 호텔까지도 어도비이다.

주위에는 타오스 같은 도시가 있고 많은 인디언들의 마을이 있기 때문에 인디언 문화를 체험할 수 있는 좋은 곳이다.

맨하탄 프로젝트the Manhattan Project(the Allied project to develop the first nuclear weapons)로 유명한 로스앨러모스Los Alamos도 가까이에 있어 샌타페이가 발전하는데 일조를 했다고 한다.

지하철에 화장실이 없는 나라

약 일 년 간 미국을 여행하면서 한 번 이라도 지하철을 이용해 본 것은 워싱턴 D.C. 뉴욕, 시카고 등이다. 여행의 대부분은 승용차로 했다.

워싱턴 D.C.에서 우리는 두 달간의 긴 시간을 보냈다. 워싱턴에는 그 유명한 스미스소니언 박물관이 있다. 그 곳 포크웨이에서 소라는 두 달 동안 자원봉사자로 일을 했다. 스미스소니언 박물관에는 인디언 관계 민속자료들이 많다. 그래서 나도 덤으로 그 도시에 머물렀다. 그 도시는 다행스러운 것이 뉴욕과 마찬가지로 박물관의 천국이다. 뉴욕은 입장료를 받지만 워싱턴의 박물관은 전부다 공짜인데다가 노우 프래시 No Flash로 사진을 찍을 수 있다.

소라가 출근을 할 때 나는 같이 다운타운으로 가서 박물관으로 출근(?)을 했다. 시내에 갈 때 전철을 이용했다. 전철 요금이 비싼 편이었지만 승용차를 타고 가면 기름 값이 만만치 않고 무엇보다 주차가 어렵고 주차비도 내야했다.

워싱턴D.C.의 전철은 레드라인, 블루라인, 옐로라인, 그린라인, 오렌지라인 등 다섯 선이다.

주로 레드라인을 이용했다. 레드라인의 종착역인 새디 그로브Shady Grove의 주차장에 차를 주차하고 14 정거장을 타고가 메트로 센터Metro Center에서 바꿔 타고 랑팡 광장L'Entent Plaza에서 내렸다.

미국의 전철은 튼튼하고 안전하며 의자가 많아 대부분이 앉아서 통근할 수가 있다. 다 좋은 데 한 가지 지하철역에 화장실이 없다는 것이 흠이라면 흠이다. 전철을 타고 가다보면 우리 같은 늙은이들은 급하게 볼일을 볼 일이 생기는데, 그 때 참 난간했다.

우리나라의 전철역에는 화장실이 있지 않은가. 우리나라는 이런 점에서 참 편리하다.

미국은 유원지에도 화장실이 없다. 다만 매표소 근처에 화장실이 있어 볼일을 보고 들어가야 한다.

북중남미 여러 나라도 같은 입장이다. 투어를 하면 안내인들이 용변을 볼 것을 깨우쳐준다.

미국의 지하철에는 노인이라도 공짜가 없다. 공원에도 우리나라처럼 공짜거나 많이 할인해주는 법이 없다. 잘 해야 10% 정도이다.

그래도 동방예의지국인 우리나라는 노인들이 살기 좋은 나라이다. 동방예

의지국이란 말이 많이 퇴색되었지만.

세계의 거대한 산맥

로키 산맥과 애팔래치아 산맥, 안데스 산맥을 가보고 세계의 산맥에 흥미를 가졌다. 어느 산맥이 가장 클까?

세계의 지붕 아시아로 가보자.

아시아에는 히말라야 산맥이 있다. 히말라야 산맥의 길이는 카라코람 산맥을 합친 대 히말라야가 2,500km 이다. 넓이는 서부가 400km, 동부는 150km이다. 전체면적은 594,400km^2 이다. 유명한 산은 세계 최고봉 에베레스트Everest(8,848m) 산 외에 높이가 8,000m 이상의 거봉이 13좌, 7,200m 이상 산이 95좌가 있다.

알타이Altai 산맥은 길이가 1,600km 이고 2,000m급 봉우리가 많고 주봉 벨루하는 4,506m이다. 금, 은, 구리, 석탄의 매장이 풍부하며 산림자원도 풍부하다.

톈산TianShan 산맥은 길이 2,000km이며 너비 약 400km이고 해발고도는 3,600-4,000m이며 파밀고원과 오아시스가 많아 비단길의 통로가 됐다. 최고봉인 포베다 산은 7,439m이며 7,010m의 칸텐그리 산도 있다.

쿤룬Kunlun 산맥은 길이 2,000km이고 최고봉인 쿤룬 산은 7,167m이다. 이 산은 도교의 성산이다.

아시아와 이웃한 유럽으로 가보자.

유럽의 산맥은 단연 알프스이다. 알프스는 어떤 산맥인가? 4,000m 이상의 산들이 12좌나 있으며 길이는 1,200km 너비는 150~250km이고 면적은 298,128km^2 이다.

우랄산맥은 어떠한가? 길이 약 2,100km 너비 32~144km 최고봉은 1,895m의 나로드나야 산이다. 광물이 풍부하여 주위에 공업지대가 발달되었다.

세계최대의 모래사막과 긴 강이 있는 아프리카로 가보자.

아프리카 주에는 북부에 아틀라스 산맥Atlas Mts이 있고 남부에는 드라켄즈버그 산맥Drakensberg Mts이 있다.

아틀라스 산맥은 아프리카 북서부의 알프스 조산운동으로 융기한 산맥 군이다. 길이는 2,400km이고 최고봉은 4,167m의 투브칼 산이다.

남아프리카 공화국 동부를 남북으로 뻗은 산맥이 드라겐즈버그 산맥이다. 아프리칸스어로 '용의 산' 을 의미한다. 길이는 1,000km이고 3,000m급 산이 많이 있고 사암벽의 동굴에는 샨족의 동굴벽화가 많이 남아있어 세계문화유산으로 등제되어 있다.

호주에도 큰 산맥이 있다. 바로 그레이트디바이딩 산맥Great Dividing Range Mts이다. 이 산맥은 일명 이스트 디바이딩코디레라East Australian Cordillera 라고 한다. 산맥의 길이가 3,500km로서 세계에서 4번째로 긴 산맥이다. 너비는 160~300km이고 가장 높은 산은 2,228m의 Kosciuszko 산이다. 이 산맥에는 45 군데의 국립공원이 있다.

그러면 북미로 건너 간다.

북미의 산맥은 로키와 애팔래치아 산맥이다. 로키 산맥은 미국의 서부에 북에서 남쪽으로 뻗어있는 산맥이며 3,000m 이상의 고봉이 즐비한 높은 산맥이며 그 길이가 4,830km나 된다. 너비는 500km이다. 로키산맥은 세계에서 두번째로 긴 산맥이다.

서부에 로키산맥이 있다면 동부에는 애팔래치아 산맥이 있다. 애팔래치아 산맥은 가장 높은 미첼 산이 2,037m이며 길이는 3,200km(위키는 2,400km)이며 평균고도가 1,000m 이다. 북쪽은 캐나다의 퀘벡 주에서 시작하여 남서쪽은 앨라배마 주에 이른다.

로키산맥에 비하여 많이 낮기 때문에 대부분이 산림으로 덮여있다. 비가 많은 지방이고 육산이기 때문에 물이 많다.

애팔래치아 산맥은 지하자원도 풍부하여 주위에 공업지대가 발달했다.

이제 남미로 가보자.

안데스 산맥은 어떤가. 높이야 히말라야만 못하지만 길이는 7,000km 로 세계 에서 가장 긴 산맥이다. 넓이는 500km이다. 평균고도가 4,000m이다. 파밀 고원과 티벳 고원 다음으로 높은 안티플라노 고원이 있다. 세계에서 가장 높은 화산인 오조스델살라도Ojos del Salado(6,893m)를 위시하여 6,000m 이상의 화산이 50개좌가 있다. 가장 높은 아콩카과는 표고 6,960m로 아시아를 제외한 모든 대륙의 산 중에서 가장 높다.

강의 크기를 길이, 유역면적, 수량으로 판단하듯이 산맥도 평균 고도, 길이, 넓이와 유명한 산으로 판단하는 것이 마땅할 것 같다. 그러면 남미의 안데스 산맥이 세계 최고가 아닐까.

세계 3대 산맥은 로키, 안데스, 히말라야 산맥이다.

> 히말라야 14좌-에베레스트Everest(8,848m), 케이 투K-2(8,611m), 카첸중가Kangchenjunga(8,586m), 로체Lhotse(8,516m), 마칼루Makalu(8,463m), 초오유Chooyu(8,201m), 다울라기리Dhaulagiri 1(8,167m), 마나슬루Manaslu(8,156m), 낭가파르밧Nangapazbat(8,126m), 안나프르나Annapurna(8,091m), 가셔브름Gasherbrum 1(8,080m), 브로

드 피크Broad Peak(8,047m), 가셔브룸Gasherbrum 2(28,035m), 시샤팡마 Sishapangma(8,027m) 이다.

세계의 강

고대 정치는 치수에 있었다. 사람들이 물과 음식을 구하기에 편리한 강가에 살다보니까 자연히 물의 은혜와 재해를 받게 되었다. 홍수와 가뭄으로부터 백성을 보호하는 것이 지배자의 첫 임무가 됐을 것이다.

세계에서 가장 큰 강은 어느 강일까?

우리가 중고등학교에 다닐 때 큰 강은 길이가 가장 긴 강으로 알았다. 그때는 미시시피 강이 가장 큰 강이었다. 50년도의 교과서나 지도책에는 그렇게 표기되어있었다.

지금은 나일 강이 제일 긴 강이다. 미시시피 강은 4위에 랭크되어있다.

어떤 책에는 아마존 강이 길이도 가장 길다고 적혀있다.

그러나 강의 크기는 길이만이 아닌 유출량과 유역면적으로 판단하는 것이 바람직 할 것이다. 산맥의 크기가 높이와 길이와 면적으로 판단하는 것이 바람직한 것처럼.

영역별 세계 10대 강을 알아보았다.

유출량 연장별 유역 면적별 세계 10대 강

순위	강 이름	주	평균 유출량 m³ /초	강 이름	주	연장 km	강 이름	주	유역면적 km²
1	아마존 Amazon	남미	209,000	나일 Nail	아프리카	6,650	Amazon 아마존	남미	7,050,000
2	콩고 Congo	아프리카	41,000	아마존 Amazon	남미	6,400	Riodera Plata 라플라타	남미	4,144,000

3	오리노코 Orinoco	남미	33,000	양자강 揚子江 Yangtze	아시아	6,418	Congo 콩고	아프리카	4,014,500
4	양자강 揚子江 Yangtze	아시아	30,166	미시시피 Mississippi	북미	6,270	Nail 나일	아프리카	3,400,000
5	라플라타 Rio de ra Plata	남미	22,000	예니세이 Yenisei	아시아	5,539	Mississippi 미시시피	북미	3,220,000
6	예니세이 Yenisei	아시아	19,600	황하 黃河 Huang He	아시아	5,464	Ob-lrtysh 옵일티쉬	아시아	2,972,497
7	레나 Lena	아시아	16,871	메콩 Mekong	아시아	4,909	예니세이 Yenisei	아시아	2,580,000
8	미시시피 Mssissippi	북미	16,792	라플라타 Rio de la Plata	남미	4,876	Lena 레나	아시아	2,500,000
9	메콩 Mekong	아시아	16,000	콩고 Congo	아프리카	4,700	Amur 아무르	아시아	1,855,000
10	갠디스 Genges	아시아	12,500	레나 Lena	아시아	4,472	양자강 Yangtze	아시아	1,808,500

* 남미의 파라나Parana 강은 라플라타Rio de la Plata에 포함

도표에서 보다시피 세계에서 가장 긴 나일 강은 강의 유출량에서 볼 때 10위에도 끼지 못한다. 1위인 아마존 강은 초당 209,000m^3 /s인 반면 나일 강은 겨우 2,830m^3 /s 이다. 아마존 강이 유출량에서 약 74배나 많은 수량이다. 2위인 콩고 강도 나일 강의 14배나 된다. 아마존의 유출양은 전 세계 모든 강 유출량의 5분의 1이다.

나일 강의 수량이 작은 이유는 사막지대를 통과하는 강이라는 지리적인 이유 때문이다. 많은 양의 물이 중간에서 사막의 모래밭이나 농경지로, 강렬한

태양광선에 의한 증발로 손실된다. 그것은 어쩔 수 없는 사막 강의 운명이다. 수량이 이렇게 작은 것은 지류의 숫자가 적은 것도 원인의 하나이다. 나일강의 지류는 백나일이 원류이고 청나일과 아트바라 강 정도이다. 반면에 아마존은 큰 지류만 1,000개가 넘는다.

유역 면적에서 볼 때 양자강은 겨우 10위다. 아마존 강은 유역면적이 7,050,000km² 로 양자강의 4배이다.

길이도 위키 백과에는 나일 강의 길이가 6,650km인데 반해 아마존 강은 6,800km(approx)로 나와 있다. 이들 큰 강은 측정에 어려움이 있을 것이며 원류를 어느 곳을 잡느냐? 로, 기록된 수치도 들쑥날쑥한 것이 요즈음의 현실이다.

웃기는 수치는 아마존 강의 하구 폭이 325km로 템즈 강(324km 혹은 346)의 길이와 비슷하다. 두 번째 하구 폭이 넓은 강은 라플라타 강으로 폭이 220km이다. 부에노스아이레스에서 콜로리아까지 배를 타고 간 일이 있는데 3시간 반이 걸렸다.

이렇게 볼 때 아마존 강이 세계에서 가장 큰 강인 것은 틀림없는 사실이다. 그러나 2위가 어느 강이냐는 문제는 좀 복잡해진다. 각자의 판단에 맡긴다.

세계문명의 발상지는 아마존 강이 아니고 나일 강이다. 또한 가장 오래된 문명이 발달한 곳은 메소포타미아의 유프라테스 강과 티그리스 강 유역이다. 유프라테스 강은 길이가2,800km이고 티그리스 강은 1,850km 이다. 중국의 황하(5,464km)는 양자강보다 작은 강이다. 인도의 인더스 강은 길이가 3,200km이다.

유프라테스 · 티그리스 강은 22개의 댐이 건설되었으며 수력발전소도 17개나 있다. 이 두 강은 요르단 강과 함께 중동의 수자원을 둘러싼 분쟁의 불씨가 되고 있다.

수력발전에 이용되는 강들도 그렇게 큰 강은 아니다. 큰 강인 경우는 대부분이 상류에 국한되어 있다.

수력발전소가 많기로 유명한 미국 서남부의 콜로라도 강과 TVA의 테네시 강은 그렇게 큰 강이 아니다. 이런 강들도 수력발전소는 대부분이 중 상류에 있다.

대도시를 흐르는 강은 이보다 훨씬 작다. 뉴욕의 허드슨, 워싱톤의 포토맥, 런던의 템즈 , 파리의 세느 , 베르린의 스프레, 서울의 한강 등이 그렇다.
큰 강과 작은 내는 대동맥과 실핏줄로 비유할 수 있을 것 같다.

호수의 경이

오대호 창공을 비행기로 날아 갈 때는 바다 위를 나르는 것 같았다. 한 시간 이상을 날아 갔다. 서울에서 동경까지의 거리쯤 되지 않을까? 오대호의 총면적이 208,610km² 이라하니 우리나라 총면적(221,461km²)보다 약간 작은 편이다. 오대호의 수량은 전 세계 민물 호수 총 수량의 21%란다.

나이아가라 폭포를 구경하고 승용차로 슈퍼리어 호까지 가는데 이틀이 걸렸다. 미시간 호의 모래언덕을 보고는 깜작 놀랬다. 모래 언덕이 작은 산만했다. 대서양의 모래언덕보다 훨씬 큰 것 같았다. 그 어마어마한 모래를 호안으로 밀어올리기 위해서는 오랜 시간 동안 엄청난 폭풍우가 불었을 것이다.

호수의 이곳저곳에 등대가 있었다. 어느 책에서 읽었던가. 비바람이 몰아치는 밤에 호수에 고기를 잡으러 나간 할아버지를 기다리는 어린 소녀의 영상이 떠올랐다.

슈퍼리어 호의 국립그림바위호안을 구경 갔을 때는 비가 내리고 파도가 사나워 무서웠다.

자연 호수는 아니지만 후버댐의 미드 호와 이과수 폭포 옆에 있는 이따이뿌 댐 호는 중국의 삼협 댐이 생기기 전에는 세계에서 가장 큰 댐이었다.

볼리비아와 페루의 국경에 있는 티티카카 호도 상당히 큰 호수이었다. 호수의 길이는 끝이 안 보이는 수평선이었다. 폭은 길이에 비해서 좁아 저 멀리 흰 눈이 덮여있는 설 산맥이 한 폭의 그림이었다.

자료를 찾아보았더니 티티카카 호는 세계에서 18번 째 큰 호수이다. 길이가 190km이고 폭은 80km이고 넓이는 8,372km^2 이며 수량은 893km^3 이며 평균 깊이는 107m이고 최대 수심은 281m이다.

이 호수는 표고 3,890m에 있어 기선이 다닐 수 있는 호수로는 지구상에서 가장 높은 곳에 있다.

티티카카 호를 보고났더니 도대체 이 호수보다 큰 호수가 어느 호수인가 알아봐야겠다는 호기심이 발동했다.

인터넷에서 20대 호수는 쉽게 찾았다. 어느 고마운 분이 그 통계를 작성해 놓았다. 그러나 인터넷의 지식은 정확성이 문제이다. 그러므로 꼭 확인을 해야 한다.

구글의 위키 백과 영문 쪽을 믿는 편이다. 이 표를 작성하고 확인하는 데 삼일이 걸렸다. 그 표가 아래에 있다.

순위	호수 이름	위치(나라)	넓이(㎢)	길이km	넓이km	수량 km³	깊이	
							평균m	최대m
1	카스피 해 Caspian Sea	러시아 Turkmenistan	371,000	1,030	435	69,400	187	1,025
2	슈패리어 Superior	미국 캐나다	82,400	560	160	12,000	147	406
3	빅토리어 Victoria	탄자니아 우간다	68,800	337	250	2,750	40	83
4	휴론 Huron	미국 캐나다	59,596	332	245	3,539	59	228.6
5	미시간 Michigan	미국	58,000	494	118	4,900	85	281
6	탄잔이카 Tanganyika	탄자니아 콩고	32,900	673	72	18,900	570	1,470
7	바이칼 Baikal	러시아	31,722	636	79	23,615	744.4	1,642

8	그레이트베어 Great Bear	캐나다	31,153	2,719 (총호안길이)		2,236	71.7	446
9	나사 Nyasa or Malawi	말라이. 모잠비크. 탄자니아	29,600	560	75	8,400	292	706
10	그레이트슬라브 Great Slave	캐나다	27,200	480	109	1,580	41	614
11	에릭 Erie	미국. 캐나다	25,744	388	92	480	19	64
12	위니페그 Winnipeg	캐나다	24,514	416	100N 40S	294	12	36
13	온타리오 Oantario	미국. 캐나다	19,500	193	53	1,640	86	244
14	라도가 Ladoga	러시아	17,700	219	138	837	51	230
15	발카시 Balkhash	카자스탄	16,400	605	74E 19W	440	5.8	26
16	보스토크 Vostok	남극	15,690	250	50	5,400± 1,600	344	1,000
17	오네가 Onega	러시아	9,700	245	91.6	285	30	127
18	티티카카 Titicaca	페루 볼리비아	8,372	190	80	893	107	281
19	니카라쿠아 Nicaragua	니카라쿠아	8,264	세계19번 째 호수(위키)		10,800		26
20	아사바크카 Athabasca	캐나다	7,850	283	50	204	20	124

사실 카스피 해는 호수로 보느냐 바다로 보느냐는 이견이 있는 것 같다. '해' 로 표기해놓은 것을 보면 바다이고 육지로 둘러싸였으니 호수인데 소금물이므로 바다라고 해야 한다는 것이다. 그렇게 말하니 아리송해진다.

바이칼 호수는 면적은 작지만 수량은 카스피 해만 빼놓는다면 가장 많다. 깊이가 최고이다.

아랄 해Aral Sea, 차드Chad, 발하슈 Balkhash호는 호수가 점점 줄어들고 있다. 따라서 아랄 호와 차드 호는 20대 호에서 뺐다. 그리고 발하슈 호도 결국 빠지지 않을까 하는 생각이다.

카스피 해 오른쪽에 있는 아랄 해는 1690년에는 면적이 68,000km^2 이었다. 1998년에는 2개의 호수로 나누어지어 28,687km^2 이였고 2004년에는 4개의 호수로 나누어지어 17,160km^2 이었다. 2005년. 2008년 통계는 6,800km^2 로 나와 있다.

사하라 사막 아래에 있는 차드 호는 BC 4000년경에는 넓이가 400,000km^2 이었다. 이 넓이는 카스피 해(371,000km^2)의 넓이보다 더 넓다. 2000년에는 점점 줄어들어서 1,500km^2 이다.

중앙아세아 카자흐스탄에 있는 발하슈 호는 호수의 길이가 605km이고 넓이가 16,400km^2 이지만 수원인 일리 강의 수력발전과 중국의 목화재배를 위한 관계수로, 호변의 도시의 발달로 인한 취수로 호수 수량이 현격히 줄어들고 있다.

절대 불변일 것 같은 호수도 이렇게 변하고 있다. 세상에 변하지 않는 것은 하나도 없다.

사막의 강-콜로라도 강 수계

콜로라도 강Colorado River

미국의 수계는 미시시피 강 수계, 유콘 강 수계, 리오그란데 수계, 세인트 로렌스 강 수계, 콜로라도 강 수계, 컬럼비아 강 수계로 나눈다.

어느 강 하나 중요하지 않은 강이 없지만 내 생각으론 콜로라도 강은 없어서는 안 될 중요한 강이다.

콜로라도 강은 사막을 흐르는 강이다. 사막을 흐르는 강은 리오그란데도 있지만, 리오그란데가 더 긴 강이지만 상당부분이 멕시코와 국경을 이루는 강이다. 따라서 제한적일 수밖에 없다. 콜로라도 강은 와이오밍, 콜로라도,

미국의 6대강수계

강이름	주	길이 km	유출량 m^3/s	유역면적 km^2
Mississippi River	미시시피 주 외31개 주와 캐나다 2개 지방	6,270	18,434	2,981,076
Yukon River	알래스카 주와 브리티시컬럼비아	3,190	6,430	854,700
Rio Grande	뉴멕시코 주 외 2주 멕시코의 치와와 외 3지방	3,051	68	471,900
St. Lawrence River	캐나다 온타리오 외 1지방 뉴욕 주	3,058	16,800	1,344,200
Colorado River	애리조나주 외 6주	2,334	637	637,137
Columbia River	워싱턴, 오리건 주 캐나다의 부리티시컬럼비아	2,000	7,500	668,000

유다, 네바다, 캘리포니아, 뉴멕시코, 애리조나 주를 흘러 캘리포니아 만으로 흘러간다. 하구의 유출량이 평균 630㎥/s 이다. 대부분의 강물은 농업과 공업용수로, 식수로 사용됨을 알 수 있다. 리오그란데 강은 평균 유출량이 콜로라도 강의 1/10 정도인 68㎥/s 이다. 이는 리오그란데가 콜로라도 강보다 천여 km나 더 사막을 흐르기 때문이 아닐까 하는 생각이다.

콜로라도 강은 그랜드 캐니언을 만든 강이다. 이것은 경이 그자체이다. James Lawrence Powell이 쓴 『Grand Canyon』에 다음과 같은 구절이 있다.

> Vast and majestic, the Grand Canyon is a wonder of the natural world and an icon of the American West. For centuries it remained an enigma: How did this massive canyon come to be? Could a single river really have carved something so expensive and complex?

> 광대하고 장엄한 그랜드 캐년은 자연의 경이이며 미서부의 아이콘이다. '어떻게 이 거대한 캐년이 생겨났는지' 는 수 세기동안 수수께끼로 남아있었다. 정말로 하나의 강이 이렇게 어마어마한 비용이 들 것 같고 복잡다단한 무엇인가를 만들어 낼 수 있었을까?

콜로라도 강은 스페인어로 '붉은 강' 이라는 뜻이다. 길이가 2,334km이고 지류는 중요한 것만 25개가 있다. 그 중에서 그린 강, 힐라 강, 산후안 강, 리틀 콜로라도 강, 도로레스 강, 건리슨 강, 버진 강 등의 큰 지류가 있으며 이 지류들은 수많은 강과 크리크, 포크를 갖고 있어 하나의 수계를 이루고 있다.

강의 원류는 로키산국립공원의 밀러 패스Milner Pass(elev. 10,759ft) 근처에 있는 대륙 분수령Continental Divide 호수인데 한쪽은 미조리 강으로 흘러 대서양으로, 다른 쪽은 콜로라도 강으로 흘러 태평양으로 나누어지는 물의 갈림이다. 이곳이 바로 콜로라도 강의 원류이다.

그린 강은 와이오밍 주의 윈드 리버 산맥 서쪽에서 출발 유다 주의 캐니언랜드 국립공원에서 콜로라도 강으로 흘러든다. 그린 강은 길이가 1,170km로 상당히 긴 강이나 수량이 콜로라도 강의 원류보다 작아 로키산 국립공원 쪽의 물줄기를 원류로 보는 것 같다.

이것은 미시시피 강과 미주리 강의 관계와 비슷하다. 미시시피 강의 본류의 발원지는 로키산맥 쪽인 미주리 강의 발원지가 아닌, 미네소타 주의 북쪽에 있는 이타스카 호Lake Itasca가 일반적이다. 이때는 미주리 강은 미시시피 강의 지류로 보는 것이다. 따라서 길이는 4,070km이고 유출량은 16,792㎥/s, 유역면적은 3,220,000km² 로 세계에서 10번 째 긴 강이다.

한편으로 미주리 강을 원류로 했을 때는, 강의 길이가 6,270km로 세계에서 4번 째 긴 강이다.

콜로라도 강은 그 유명한 후버 댐 외 수력, 홍수조절, 관개 용 댐이 53개나 있다. 전기총생산량이 약 486,630.5 MW이다.

리오그란데에는 22개의 댐 또는 저수지가 있다.

앞에서 거론한 이들 7개 주는 콜로라도 강의 혜택을 톡톡히 보고 있다.

콜로라도 강의 하구를 보러 멕시코 국경을 넘은 일이 있는데 내비가 먹통이고 말이 통하지 않고 교통표시판을 읽을 수 없어 그냥 돌아왔다.

콜로라도 빅톰슨 계획, 센트럴 애리조나 프로젝트 등 거대한 계획들이 완성되었다.

콜로라도 강의 개발로 사막에서도 사람이 살 수 있는 대 도시들이 들어선 것이다.

콜로라도 강의 지류

지류 이름	주	길이 km	유역면적 km²	유출량 m³ /s
그린 강Green River	UT	1,170	125,000	1713
힐라 강Gila River	AZ	1,044	151,000	7.0
산후안 강San Juan River	UT	616	64,000	62.1
리틀 콜로라도 강Little Colorado River	AZ	573	69,000	12.0
돌로레스 강Dolores River		400	11,850	17.9
거니슨 강Gunnison River	CO	264	20,500	73
버진 강Virgin River	NV	260	33,700	6.8

그린 강

지도를 보면 '그린 강이 왜 콜로라도 강의 지류일까?' 하는 의문을 갖게 한다. 콜로라도 강은 콜로라도 주에서 흐르지만 그린 강은 콜로라도 주의 위쪽에 있는 와이오밍 주에서 흐르기 때문에 육안으로만 봐도 그린 쪽이 훨씬 긴 강인 것 같다.

기록에 의하면 전에는 콜로라도 강은 두 강의 합수 지점부터 하류를 콜로라도 강으로 불렀고 상류 강은 Grand River로 알려졌다. 자료를 찾아보니

강의 이름에 대한 논쟁이 있었던 것 같다. 1921년 에드워드 T. 테일러가 그랜드 강을 콜로라도 강으로 변경신청을 국회에 해서 결정했다는 글이었다.

The status of the Green River as a tributary of the Colorado River came about for mainly political reasons. In earlier nomenclature, the Colorado River began at its confluence with the Green River. Above the confluence the Colorado was called the Grand River. In 1921, Colorado U.S. Representative Edward T. Taylor petitioned the Congressional Committee on Interstate and Foreign Commerce to rename the Grand River as the Colorado River On July 25, 1921 the name change was made official in House Joint Resolution 460 of the 66th Congress, over the objections of representatives from Wyoming and Utah and the United States Geological Survey which noted that the drainage basin of the Green River was more extensive than that of the Grand River, although the Grand carried a much higher volume of water at its confluence with the Green.〉

그린강이 콜로라도강의 지류가 된 것은 다분히 정치적인 이유 때문이었다. 원래의 명명법에 의하면 콜로라도강은 그린강과의 합류점부터 이어진 강을 의미했다. 합류점 위쪽은 그랜드 강이라고 했다. 1921년 콜로라도 주의 미상원 에드워드 T 테일러Edward T.Taylor는 국내외 상거래IFC; Interstate and Foreign Commerce에 관한 국회위원회Congressional Committee에 그랜드 강을 콜로라도강으로 이름을 바꾸어줄 것을 청원했다 와이오밍 주, 유타 주 그리고 미국지질조사소 대표들은 비록 그랜드강과 그린강의 합류점 에서 그랜드강의 유량이 훨씬 많지만, 그린강의 유역이 그랜드강의 유역보다 훨씬 크다는 이유로 강의 이름 변경을 반대했으나 1921년 6월 25일 66번째 美의회에서 양원공동 결의안 460으로 강 이름의 변경이 공식적으로 이루어졌다.

강의 이름의 '그린' 이라는 낱말은 물의 색 혹은 강둑의 비눗돌 soapstone의 색 혹은 초목의 색 혹은 어떤 덫군의 이름에 의한 설이 있다. 콜로라도 강의 ‘콜로라도’ 는 스페인어로 ‘붉은’ 이라는 뜻인데 ‘그린’ 이라는 말을 쓴 것은 강물이 퍽 맑은 것 같다.

그린 강은 바람 강 산맥Wind River Range 대륙 분수계의 서쪽 사면에서 발원하여 와이오밍 주의 남쪽 불타는 협곡 저수지Flaming Gorge Reservoir로 흐른다. 이어서 유다 주의 불타는 협곡 댐Flaming Gorge Dam으로 흘러든 그린 강은 동쪽으로 콜로라도 주의 서북쪽에서 얌파Yampa 강과 합류하여 다시 유다주로 넘어와서 남쪽으로 흐른다. 여러 지류와 합류하면서 론 절벽Roan Cliffs과 쓸쓸한 계곡Desolation Canyon과 회색 계곡Gray Canyon을 통과한 후 여러 지류와 물을 합쳐서 유난히 꾸불꾸불 흘러 캐니언랜드 국립공원Canyonlands National Park에서 콜로라도 강과 합류한다.

강의 지층에 화석 지층이 있음은 옛날부터 주위에 많은 동식물이 살았습을 유추할 수 있다.

그린 강은 크고 깊고 힘이 센 강이다. 상류에서는 넓이가 30 내지 100m이고 하류에서는 100내지 450m이며 깊이는 1내지 15m이다.

3주의 경계 지역에는 북쪽으로 애브스로카Absaroka 화산지대와 남동쪽의 산 후안 화산지대로부터 많은 양의 재가 바람에 의해서 날려 왔고, 강 또한 화산재와 수억 년을 두고 운반한 모래와 자갈 동물의 사체, 쓰러진 나무로 혼합하여 충적되어져서 여러 종류의 암석을 만들어 풍부한 광물의 보고를 만든 것이다. 그린 강 유역의 매장된 광물은 다음에 인용한 글에서 알 수 있다.

> The lithology of the lake sediments is varied and includes sandstones, mudstones,siltstones, oil shales, coal beds, saline evaporite beds, and a variety of lacustrine limestones and dolostones.
>
> 호수 침전물로 만들어진 암석은 사암, 머드스톤, 실트스톤, 오일셸, 석탄층, 염류 증발암지층saline evaporite beds 과 여러 종류의 호상 석회암lacustrine limestones 그리고 백운암과 같이 다양하다.

The Green River Formation contains the largest oil shale deposits in the world. It has been estimated that the oil shale reserves could be equal up to 3 trillion barrels (480 billion cubic metres) of shale oil, up to half of which may be recoverable by shale oil extraction technologies ("cooking" kerogen).

신생대 에오세Eocene의 그린리버층Green River Formation은 세계에서 가장 많은 오일셰일oil shale 매장량을 갖고 있다. 최대 3조배럴(4조5천억 입방미터)의 오일셰일 매장량을 갖고있는 것으로 추정되는데, 최대 이 매장량의 절반가량을 셰일오일 추출법 "cooking" kerogen을 이용해 얻을 수 있을 것으로 예상하고 있다.

The trona (hydrated sodium bicarbonate carbonate) beds of Sweetwater County, Wyoming are noted for a variety of rare evaporite minerals. The Green River Formation, is the type locality for eight rare minerals: bradleyite, ewaldite, loughlinite, mckelveyite-(Y), norsethite, paralabuntsovite-Mg, shortite and wegscheiderite. It also has a natural occurrence of moissanite (SiC) and 23 other valid mineral species.

와이오밍주 스위트워터 카운티Sweetwater County의 트로나 층trona beds; hydrated sodium bicarbonate carbonate은 여러 종류의 희귀 증발암광물 evaporite minerals로 유명하다. 그린리버층은 다음 8가지 희귀광물 브레들레이트bradleyite, 이왈다이트ewaldite, 로울리나이트loughlinite, 메켈베이트mckelveyite-(Y), 노르세사이트norsethite, 마그네슘-파랄라분트소바이트paralabuntsovite-Mg, 쇼타이트shortite 그리고 베그세이더라이트wegscheiderite- 의 표식지type locality이다. 이곳은 또한 모이사나이트(moissanite; 탄화규소;SiC)와 23종의 유효 광물종의 자연 산지이다.

The area has been mined for uranium.

이 곳은 우라늄이 채굴된 지역이다

그린 강에는 콜로라도 강에 54개의 댐이 있는데 13개가 있다. 콜로라도 강의 지류 중에서 두 번째 많은 힐라 강이 9개이다. 세계에서 가장 많은 오일세일의 매장과 전기는 미국의 경제에 엄청난 보탬이 되고도 남는다.

소금 강Salt River

이제 내가 6~7개월 머물렀던 애리조나 주에 있는 강들을 살펴보기로 하겠다.

솔트 리버는 작은 강이다. 솔트리버는 힐라 강Gila River으로 흘러들고 힐라 강은 콜로라도 강으로 흘러든다.

피닉스 시내를 흐르는 강은 소금 강이란 뜻의 솔트 리버이다. 애리조나 중심부를 흐르는 강은 힐라 강인데 그 강은 피닉스의 남쪽에 있는 남산 뒤로 흐르기 때문에 피닉스 시민들이 사랑하는 강은 소금 강 인 것 같다.

'강을 왜 이렇게 부르는가?' 리차드 헤이퍼 ASU 교수에게 물은 바가 있다. '물에 소금기가 있는가?' 하고 물었더니 그렇지 않단다.

음식의 맛이 소금이듯이 이 강이 사람의 삶에 소금과 같은 존재라는 뜻이 숨겨져 있음을 안 것은 피닉스를 떠날 무렵이었다.

시내에는 강을 막아서 인공 호수를 만들어 놓았다. 그렇게 크지는 않지만 사막지대인 피닉스에는 더할 수 없이 좋은 곳이다.

호수에는 물새들이 많이 날아와 놀고 있다. 특히 가마우지가 많은 것을 보니 호수에 고기가 많은 것 같다. 낚시를 하는 사람은 한 사람도 없었다. 낚시가 금지된 것이 분명하다.

솔트 리버에 특히 관심을 갖게 된 것은 사막의 강이기 때문이고 또 하나는 여행을 하다가 두 번이나 솔트 리버와 마주쳤기 때문인 것 같다.

첫 번째는 87지방 도로를 타고 가다가 루스벨트 호를 보기위해서 188지방

도로로 우회전해서 간 일이 있는데 그곳에 루스벨트 호수Roosevelt Lake가 있었다. 솔트 리버를 댐으로 막아서 만든 인공 호수이었다.

댐 옆으로 비포장도로가 있었는데, 강줄기를 따라 가보고 싶기도 하고 미국에도 비포장도로가 있어서 호기심이 발동했다. 얼마 가지 않아 호수가 또 나타났다. 아파치 호수Apache Lake이었다. 또 호수가 나타났다. 캐니언 호수Canyon Lake이었다. 또 호수가 연 달아 있었다. 사구아로 호수Saguaro Lake이었다. 이들 4개의 호수는 많은 양의 물을 저수해서 유용하게 쓰고 있다.

88번 지방도로는 참 경치가 아름다웠다. 주위의 산들과 협곡이 너무 웅장하고 기기묘묘해서 시즌 중에는 사람들이 많이 오는 것 같았다 호수에는 수없이 많은 보트와 낚싯배가 있었고 호안에는 고기를 구어 먹는 자리가 많았다.

호안의 백사장에 누워 앞산과 하늘의 구름을 바라보며 소라는 시를 썼다. 바람이 살랑살랑 불었다.

물은 어데서 와서 어디로 가는가
구름은 어데서 와서 어디로 가는가
바람은 어데서 와서 어디로 가는가
우리는 어데서 와서 어디로 가는가

이렇게 해놓고 나에게 다음을 이으란다.

우리는 온 곳에서 와서 온 곳으로 간다.

다음은 솔트리버 캐니언Salt River Canyon에 갔을 때이었다.

Mini Grand Canyon 이라는 Salt River Canyon에 가보고 싶어서 US60 도로를 달렸다. 피닉스에서 240마일(386km) 떨어진 곳에 있었다.

US60 도로는 과연 시닉 루트Scenic route이었다. 도로 옆으로 산들이 이어졌다. 주립 형무소도 지났다. 꽤 큰 재를 오르더니 내려가기 시작했다. 꼬불꼬불한 산 도로이었다. 이런 도로를 영어로는 뱀 길Snake Road이라고 표현한다. 땅속으로 가라앉는 기분이었다. 눈앞에 전개된 광경은 암석미가 장관이었다. 깎아지른 절벽 아래에 계곡의 강이 보였다. 찾아가는 솔트 리버 캐니언 이었다. 급히 고개를 내려갔다. 거대한 협곡이 볼만했다. 강에는 시닉 브리지가 있었다. 다리 아래는 시퍼런 물이었다. 강물이 굉음을 내며 흐르고 있었다. 주차장 주변 화장실 앞에는 인디언 몇 사람이 기념품을 팔고 있었다. 바로 근처에 있는 하이트 마운틴은 애리조나 주에서 두 번째로 높은 산이다. 그 산에는 볼디 피크Baldy Peak11,403ft(3,477m)가 있다. 애리조나 주에서 가장 높은 산은 프랙스태프Flagstaff 쪽에 있는 12,633ft(4,145m)의 험프리 피크Humphreys Peak이다.

화이트 산은 높은 산이니까 만년설의 모자를 쓰고 있다. 그래서 산 이름이 화이트가 아닌가싶다. 초원에는 야생화가 지천이고 낮은 곳에는 나무들이 숲을 이루고 있다. 폰데로사 소나무 숲이 끝없이 펼쳐졌다. 높은 산지인지라 곰, 사슴. 엘크, 칠면조, 산토끼 등이 많아 아파치들의 삶의 터전이었다. 야카가 피는 봄, 여름에 왔으면 꽃을 많이 보았을 터인데 겨울이라 꽃이 별로 없었다.

솔트 리버 캐니언Salt River Canyon은 포르트아파치 인디언 보호구역Fort Apache Indian Reservation과 산 카루로스 인디언 보호구역San Carlos Apache Indian Reservation의 접경지대에 있었다.

솔트 리버의 원류는 물론 화이트 산이다. 수원은 눈 녹은 물과 빗물이다. 강줄기는 산골짝에서 근원하는데 이름만 있는 계류가 스물이나 된다. 대표적인 지류는 치베쿠 크릭Cibecue Creek, 북쪽 포크North Fork, 화이트 강 동쪽 줄기White River East Fork, 큰 보니또 크릭Big Bonito Creek, 검은 강

Black River등이다.

또한 작은 콜로라도Little Coronado강이 이 산에서 근원한다.

이 강의 원류에는 송어가 살기 좋은 조건을 두루 갖추었는지 여러 종류의 송어가 살고 있고 농어와 캣휘시cat fish(메기)도 있어 애리조나 주에서 가장 이름난 프라이 낚시터이다.

그래서 그곳은 캠핑, 하이킹, 낚시, 래프팅을 하기에 좋은 장소이다. 물론 아파치 보호구역의 허가를 받아야한다.

치베쿠 크릭에는 그레이트 크립 하우스Great Cliff Houses가 있는데 아파치 족이 오기 전에 수천 년 동안 전임자들이 남긴 흔적이란다. 이 이외도 포르트 아파치Fort Apache의 서쪽 4마일 지점에 키니시바 루인Kinishba Ruins이 있는데 육칠백개의 방이 있는 돌집의 유적이다. 그리고 캐니언에는 검은 돌에 상형문자Hieroglyphic Point인 암석조각Petroglyphs이 있다. 그곳은 지형이 오묘해서 미국 갈보리 기병대의 추적으로부터 아파치 전사들의 좋은 피난처였다고 한다.

자료를 더 얻으려고 강 건너에 있는 아파치 요새에 가서 박물관을 관람하려 했으나 문이 닫혀있어서 아무것도 보지 못하고 돌아왔다.

작은 콜로라도 강Little Cororado River

화이트 산의 소금 강Salt River의 원류를 찾다보니까, 그 산에 원류를 두고 있는 강이 바로 작은 콜로라도 강이었다. 이 두 강은 화이트 산에서 가장 높은 봉우리인 볼디 피크Baldy Peak가 원류임을 알았다. 볼디 피크의 서쪽 지류는 이 산의 정상의 샘에서 근원하고 있다. 샘의 고도는 3천 48미터이다. 서쪽 지류는 정상부근의 초지를 흘러 버드나무 숲을 지나 그리어Greer라는 도시에서 동쪽 지류East Fork(고도 2천 5백48미터)와 남쪽 지류South Fork의 물을 받아들여 스프링빌Springerville을 지나 홀브루크Holbrook 가까이 있는 석화림공원Petrified Forest National Park를 지난다. 홀브루크의 다리를 지날 때 '작은 콜로라도 강 다리' 라는 푯말을 보고 퍽 반가웠다.

작은 콜로라도 강의 지류는 건천이 많다. 사막지대를 흐르는 강이기에 당연하지만 작은 콜로라도는 유독 건천이 많다.

중요한 건천만을 열거해본다면 Carrizo Wash, Pueblo Cororado Wash, Polacca Wash, Dinnebito Wash, Cedar Wash 등이다. 그러므로 7, 8월의 우기에는 붉은 흙탕물이다. 따라서 '작은 콜로라도' 라는 이름이 지어졌다.

이 강변에는 또한 인디언 유적들이 많이 있다. 화이트 산 쪽에 많은데 Casa Malpals Ruins, Raven Site Indian Ruins, Little Bear Archaeological 등이 있고 Winslow 근처에 애리조나 주립 공원인 Homolovi ruins 등이 있다.

조용히 흐르던 작은 콜로라도 강은 카메론Cameron에 와서 상상을 초월하는 급류로 바뀐다.

작은 콜로라도 강의 길이는 507km 이며 원류의 높이는 3천 48m이다.

합류 지점의 콜로라도 강의 고도는 610m이다. 3천 48m에서 610m로 내리 달리니 급류가 되지 않을 수 없다.

다음의 구절을 참조해보자.

> At Cameron, the river known by river guides alternately the "LCR" or "Little C," can no longer meander as it has one most of its journey. It must stay confined within this solid rock canyon. Here it begins to make a very rapid 2,000 ft (610 m) descent elevation in just 30 miles (48 km) to the Colorado River.

강 안내책자에 "LCR" 또는 " 리틀 C"라고 언급되는 카메론의 리틀콜로라도 강은 예전처럼 굽이쳐 흐르지 않는다. 강은 단단한 바위 협곡에 갇히게 된다. 리틀콜로라도 강은 여기에서부터 48Km를 흐르는 동안 표고가 610미터로 매우 급한 경사를 흘러 콜로라도 강으로 내려가게 된다.

After slipping beneath lonely Interstate 17 near Cameron, the Little Colorado makes a demented rush down into the depths of the Grand Canyon, dropping a mile and chewing through an extravagance of sandstone and limestone.

카메론 근처 황량한 인터스테이트 17번도로 아래로 미끄러지듯 내려간 후, 리틀콜로라도 강은 풍부한 사암과 석회암을 갉아먹으며 1마일가량 낙차가 큰 그랜드캐년으로 미친 듯이 돌진해간다.

이렇게 해서 작은 콜로라도 강은 어미 강인 콜로라도 강으로 흡수된다.

힐라 강Gila River

힐라의 어원은 다음의 영문처럼 '소금기가 있는 흐르는 물' 이라는 의미인 유마어 'Hah-quash-sa-eel' 의 스페인말의 단축형에서 유래되었다.

The word Gila was derived from a Spanish contraction of Hah-quash-sa-eel, a Yuma word meaning "**running water which is salty**".이다.

힐라 강은 사막의 강이며 콜로라도 강의 지류이다. 길이는 650마일(1,044km)로 한강(514km)의 배이며 큰 지류가 여럿이다. 왼쪽 지류는 산 시몬 강San Simon River, 산 페드로 강San Pedro River, 산타 크루즈 강

Santa Cruz River이 있고 오른쪽 지류로는 샌프란시스코 강San Francisco River, 블루 강Blue River, 솔트리버Salt River, 아구아 프리어 강Agua Fria River, 하사얌파 강Hassayampa River이 있다. 유역면적은 160,000km^{2}로 고대로부터 원주민들이 농사를 지으며 살았음으로 유적이 많이 있다.

강의 원류는 애리조나 주의 경계를 넘어 뉴멕시코 주의 서쪽이다. 높이 10,895feet(3,574m)의 화이트워터 볼디Whitewater Baldy와 10,770feet(3,533m)의 몽고론 볼디 피크 Mogollon Baldy Peak 등이 있는 힐라 황무지 지역Gila Wilderness Area에서 이다.

이곳은 아파치 인디언의 마지막 추장인 제로니모Geronimo가 태어난 바위가 창끝 같은 화산지대이다. 아름다운 경치와 꽃이 많이 피는 곳이다.

상류에는 실버 시 북쪽에 힐라황무지Gila Wildness Area, 힐라벼랑가옥국가기념지Gila Cliff Dwellings Nat'l Mon와 힐라 온천들Gila Hot Springs이 있고 실버 시를 지나 힐라 국가산림지역Gila Nat'l For이 있고 애리조나 주로 넘어와서 힐라박스 하안국가보호지역Gila Box Riparian Nat'l Conservation Area이 있다.

콜로라도 강이 7개 주를 흐르는 강이라면 힐라 강은 뉴멕시코 주 일부와 애리조나 주를 흐른다.

힐라 강은 애리조나 주로 넘어와서 새포드Safford 근처에서 산 시몬 강과 합류하고 쿨리즈 댐Coolidge Dam을 만들고 카사 그란데를 지나 피닉스 남쪽에서 Salt River를 받아들이며 패인티드록 댐Painted Rock Dam을 만들고 유마Yuma 근처에서 콜로라도 강의 품으로 들어간다.

갈수기에는 사막 강의 특징처럼 수량이 적고 농업용수와 식수로 사용하여 유마근처에서는 강바닥을 들어내므로 오히려 콜로라도 강의 물이 흘러들어 온다.

산페드로 강San Pedro River

산 페드로 강은 힐라 강의 지류이다. 애리조나 주의 시에라비스타 남쪽 16km 떨어진, 멕시코의 소노란 사막의 카나니아Cananea 근처에서 발원한다.

남쪽 애리조나 주를 흘러 윙킬맨Winkelman에서 힐라 강에 합류한다. 길이는 230km이며 미국 서남부에서 유일하게 댐이 없이 자유롭게 흐르는 강이다.

이 강의 특징 중에 하나가 주요 생태지역이다. 다시 말하면 새의 다양성이다. 약 400종류의 새가 이 강에서 서식하는데, 이는 미국에서 사는 새의 2/3에 해당한다.

인류가 이 강가에 산 것은 만 년 전인데 매머드 사냥꾼들이었다. 그 후 5,000~200 BC.에 사냥과 채취하는 사람들이 살았고 점차 농사를 지으며 집을 짓고 살았으나 유럽인들이 도착했을 때는 농경문화는 자취도 없이 사라진 후이었다.

유럽인들은 이곳에 비버가 많이 사는 것을 보고 모피를 얻기 위한 사냥꾼들이 모여들었다. 그 중 제임스 오하이오 패티 일당은 이 강을 비버 강 이라고 불렀다.

산 페드로 강의 상류에 12명 또는 그 이상의 이주자들이 오두막을 짓고 1893년 까지 살았는데 그들은 대부분 덫군들로 비버를 멸종시켰다. 1920년대에 말라리아를 예방하기 위해서 후아쿠카 요새Fort Huachuca의 군인들이 비버 댐을 다이너마이트로 폭파함으로 비버는 씨가 말랐다.

20세기 중엽까지 이 강은 우기에만 흘렀고 비버는 하천의 소택지나 풀밭에 가끔 나타났다.

산 페드로 강은 멕시코에서 몬태나 주와 와이오밍 주를 연결하는 생태계의 중앙 통로이다. 300종 이상의 새, 200종 이상의 나비, 20종 이상의 박쥐들이 남쪽, 중앙, 북쪽 아메리카로 이동할 때 이 통로를 이용한다. 80종 이상의 포유동물, 65종 이상의 파충류와 양서류 등이 서식하는 중요한 생태 지역이다.

1988년에 자연보호자들이 이 지역을 SPRNCA(The San Pedro Riparian National Conservation Area)로 확립하여 보호하고 있다.

베르디 강Verde River

베르디 강은 애리조나 주의 중심을 흐르는 강이다. 솔트 리버의 지류로 길이가 270km이며 수량이 풍부한 편이라 초당 602큐빅 피트가 흐른다.

애리조나 주에서 건천이 아닌 지속적으로 흐르는 큰 강의 하나이다. 강의 시작은 사리반 호수 댐의 아래에서 시작한다. 사리반 호수는 큰 취노Chino 건천과 야바파이 카운티에 있는 윌리암 골짜기 건천에서 물 공급을 받는 인공호이다.

베르디 강은 7개의 지류를 갖고 있는데 오른쪽은 시카모아 크릭크 Sycamore Creek, 웨트 보튼 크릭크Wet Bottom Creek, 동쪽 베르디 강 East Verde River, 포실 크릭크Fossil Creek, 오크 크릭크Oak Creek 등이고 왼쪽에는 탱글 크릭크Tangle Creek, 그라니티 크릭크 Granite Creek 등이다.

베르디 강은 말굽 호수와 바틀렛 레이크Bartlett Lake에 도달할 때까지 201km를 산림지대를 유유히 흐른다.

베르디 강은 화운틴 힐Fountain Hill 근처에서 솔트 리버와 합류한다. 솔트 리버는 피닉스의 서쪽에서 힐라 강과 합류한다.

콜로라도 배신의 강의 대부분이 다 그렇듯이 베르디 강에도 비버가 많았다.

모피를 구하기를 원했던 덫 사냥꾼들은 비버를 잡기위해서 몰려들었다. 그 당시는 자연보호의 개념이 없던 시절이었다. 과도한 포획으로 비버는 멸종위기에 달했다.

그 후 인지가 발달함에 따라 비버 사냥 금지령이 내려졌고 비버는 다시 번식하고 있다.

베르디 강은 호수와 저수지가 많아 물고기가 많은 것이 특징이다.

상류지역은 눈알이 큰 물고기, 머리가 큰 메기종류, 잉엇과 물고기가 주로 살고 흙탕물지역은 농어 종류, 개복치, 수로 메기, 머리가 납작한 메기류, 잉어 종류 등이 살며 말굽 호수 아래지역은 입 큰 농어, 입 작은 농어, 개복치, 메기 종류, 황소개구리 등이 살고 베트리트 호수 아래지역은 무지개 송어, 농어, 개복치, 메기 종류, 잉어과 고기류, 황소개구리 등이 산다.

미국 3대 트레일

우리나라에 백두대간 종주가 있다면 미국은 유명한 트레일 코스로 The AT, the CDT and the PCT가 있다.

애팔래치아 트레일 The AT

The AT.는 애팔래치안 트레일Appalachian Trail인데 조지아 주의 스프링거 산에서부터 메인 주의 커타딘 산까지 3,510km이다. 14개 주, 8개의 국유림, 6개의 국립공원을 통과하는 고난의 길이다.

우리나라의 백두대간은 백두산에서 지리산까지는 1,625km로 AT.가 두 배가 넘고 답사 가능한 향로봉에서 지리산까지는 690km로 5 배가 되는 셈이다. 완주자는 조지아 주의 스프링거 산을 3, 4월에 출발하여 메인 주의 커탄

딘 산에 9월에 도착하여 트레일을 완주한다. 겨울의 AT는 혹한과 눈으로 불가능하다.

빌 브라이슨이 쓴 AT의 완주기인 〈나를 부르는 숲〉에 의하면 반년이나 걸리는 긴 시간과 야생동물, 자연재해, 인간까지 위험요소가 너무 많아 종주하기가 어렵다고 한다. 시도자의 90%가 중도에 포기하고 10% 정도가 성공한단다.

구간은 주에 따라 14개로 나누는데 구간마다 특색이 있어 한두 개 구간을 선택해서 트레일 하는 것도 하나의 방법일 수 있다.

또한 6개월 마다 한 구역씩 나누어서 종주하는 방법도 있을 것 같다.

미국 3대 트레일 중 하나인 AT에 대한 글을 참조하기 바란다.

> The Appalachian National Scenic Trail, generally known as the Appalachian Trail or simply the AT, is a marked hiking trail in the eastern United States extending between Springer Mountain in Georgia and Mount Katahdin in Maine. It is approximately 2,181 miles (3,510 km)a long. The path is maintained by 30 trail clubs and multiple partnerships, and managed by the National Park Service and the nonprofit Appalachian Trail Conservancy. The majority of the trail is in wilderness, although some portions do traverse towns and roads, and cross rivers.

> 애팔래치아 국립 자연 산책로Appalachian National Scenic Trail는 애팔래치안 트레일 또는 간략하게 AT라고 알려져 있는데, 조지아주의 스프링거 산과 메인주의 커타딘 산에 걸쳐있는 미국 동부의 유명한marked 하이킹 트레일이다. 이것의 길이는 대략 3,510km이다. 이 트레일은 30개의 트레일클럽과 다수의 파트너쉽partnership이 유지하고, 국립 공원 관리청National Park Service과 비영리재단인 애팔래치아 트레일 관리국Appalachian Trail Conservancy이 감독하고 있다. 일부 구간이 도시와 길 그리고 강을 통과 하지만 대부분의 트레일 구간은 야생상태로 놓여있다.

The Appalachian Trail is famous for its many hikers, some of whom, called thru-hikers, attempt to hike it in its entirety in a single season. Many books, memoirs, web sites and fan organizations are dedicated to this pursuit. Along the way, the trail passes through the states of Georgia, North Carolina, Tennessee, Virginia, West Virginia, Maryland, Pennsylvania, New Jersey, New York, Connecticut, Massachusetts, Vermont, New Hampshire, and Maine. An extension, the International Appalachian Trail, continues north into Canada and to the end of the range, where it enters the Atlantic Ocean.

애팔래치아 자연 산책로는 많은 하이커가 있는 것으로 유명한데 이들중 쓰루 하이커thru-hikers라고 하는 몇 명은 한 시즌만에 전 구간을 완주한다. 많은 책과 회고록, 웹사이트 그리고 팬단체들이 이를 위해 노력 하고있다. 길을 따라서 이 트레일은 조지아, 노쓰 캐로리나, 테네시, 버지니아, 웨스트 버지니아, 메리랜드, 펜실베니아, 뉴저지, 뉴욕, 케네티컷, 메사츄세츠, 버몬트, 뉴헴프셔 그리고 메인주를 통과한다. 이것의 연장인 인터내셔날 애팔래치아 자연 산책로International Appalachian Trail는 북쪽으로 캐나다를 지나 대서양에 도달하게 된다.

대륙 분수계 트레일The Continental Divide National Scenic Trail (in short Continental Divide Trail)

몬태나 주의 북부지방에 빙하국립공원Glacier National Park에 트리펄 디바이드 피크Triple Divide Peak8,020ft(2,444m)가 있다. 그곳은 북아메리카 대륙의 수계의 정점이다. 이곳에 떨어진 물방울은 태평양, 대서양, 북극해(허드슨 만)로 흘러든다. 이로 인하여 '대륙 분수계' 라는 이름이 붙은 것 같다.

트리펄 디바이드 피크의 서쪽 사면에 떨어진 빗방울은 컬럼비아 강을 거쳐 태평양으로 흘러든다.

이 산의 북동쪽 사면에 떨어진 빗방울은 캐나다의 사스캐체완 리버 Saskatchewan River를 흘러 허드슨 만으로 흘러든다.

이 산의 남동쪽 사면에 내린 빗방울은 미주리 강, 미시시피 강을 흘러 대서양으로 간다.

대륙 분수계 트레일은 총 길이 3,100마일(5,000km)로 캐나다에서 뉴멕시코 주까지 로키산맥을 종주하는 길이보다 더 멀다. 대륙 분수계 트레일은 미국의 삼대 트레일 중에서 가장 긴 여정이다. 몬태나, 아이다호, 와이오밍, 콜로라도, 뉴멕시코 주를 통과한다.

또한 Great Divide Trail로 캐나다의 국경을 넘어 Jasper National Park 북쪽의 Kakwa Prov. Rec. Area 까지 연결된다. 이 트레일도 로키 산맥의 종주이며 길이는 1,200km이다. 합치면 6,200km가 된다.

북부 로키는 4,000m 정도의 험준한 봉우리와 U자형 빙하지형이 많다. 중부는 곡륭산지曲隆山地와 경동지괴傾動地塊이다. 남부는 남북으로 길게 뻗은 3줄기의 산맥이 있다.

특히 남부는 동서로 트인 계곡이 없어 교통의 장애 요인이 되었다. 대륙 분수계 트레일을 종주하는데 약 6개월 정도 걸리며 종주 방법은 걷기, 말 타기, 산악자전거 타기 등이다.

The Continental Divide National Scenic Trail (in short Continental Divide Trail) is a United States National Scenic Trail running 3,100 miles (5,000 km) between Mexico and Canada. It follows the Continental Divide along the Rocky Mountains and traverses five U.S. states – Montana, Idaho, Wyoming, Colorado, and New Mexico. In Montana it crosses Triple Divide Peak which separates the Hudson Bay, Atlantic Ocean and Pacific Ocean drainages.

콘티넨탈디바이드 국립자연경관 탐방로(Continental Divide National Scenic Trail; 줄여서 콘티넨달디바이드탐방로 Continental Divide Trail)는 미국 국립자연경관 탐방로United States National Scenic Trail로 멕시코와 카나다 사이에 있으며 길이가 5,000km에 달한다. 로키산맥을 따라 대륙 분수령 Continental Divide을 따라가는데 미국의 5개의 주–몬타나, 아이다호, 와이오밍, 콜로라도 그리고 뉴 멕시코주– 를 횡단한다. 몬타나주에서 트리플디바이드피크Triple Divide Peak를 지나게 되는데 이것의 서쪽에 내린비는 태평양으로, 북동쪽면에 내린 비는 허드슨만으로, 남동쪽면에 내린 비는 대서양으로 흘러들어간다.

As of 2004, the trail, a combination of dedicated trails and small roads, is considered 70% complete. The uncompleted portions of the trail must be traveled by bushwhacking or roadwalking.
2004년도 현재 트레일로만 이용되는 길과 작은 길을 합쳐 전체 트레일의 70% 정도가 완성되었다. 트레일의 완성되지 않은 부분은 삼림속을 길을 내며 통과 bushwhacking하거나 로드워킹(roadwalking; trail대신 일반도로를 걷는 것을 의미함) 하여 여행해야만 한다.

퍼시픽 크레스트 트레일The Pacific Crest Trail (PCT)

퍼시픽 크레스트 트레일은 멕시코의 국경 근처 작은 마을 캄포Campo에서 시작하여 캐나다의 브리티시 콜럼비아 주, 미국과의 국경지대에 있는 매닝 프라빈스 파크Manning Prov. Pk.까지 2,663마일(4,286km)의 긴 트레일이다. 시에라 네바다Sierra Nevada와 캐스캐이트 래인지Cascade Range의 고봉을 연결하는 트레일이며 완주자는 연 평균 125명 정도이고 완주하는데 소요되는 시간은 평균 150일 이다.

1968년 National Scenic Trail로 지정 1993년에 등산로가 완성되었다. 1930년대 YMCA 팀이 첫 탐사를 했고 2001년에 브라이언 로빈슨은 PCT,

CDT, AT를 모두 완주 그랜드 슬램을 이루었다.

퍼시픽 크레스트 트레일은 25개의 국립 산림지대와 7개의 국립공원을 통과한다.

PCT는 PCBT(the Pacific Crest Bicycle Trail)와 평행으로 나 있고 두 코스는 27번이나 교차된다.

이 트레일 코스는 존 무어 트레일, 타호 요세미트 트레일, 스카이라인 트레일, 카스카드 크레스트 트레일과 겹쳐 있거나 연결되어 있다.

Best Trecks/Hikes of the World top 50-Wiki explora 제공
World's Top 10 Treks

1위	Chile	Torres del Paine Trek, Patagonia
2위	Peru	Inca Trail
3위	Tanzania	Mt. Kilimanjaro
4위	France-Italy-Switzerland	Haute Route
5위	Nepal	Everest Base Camp
6위	New Zealand	Routeburn track, Fiordland-Mount Aspiring Nat Park, South Island
7위	Pakistan	Snow Lake/Biafo-Hispar/Lupke La Region
8위	Pakistan	Baltoro glacier/Concordia
9위	India	Zanskar river, Ladakh
10위	USA	Kaibab trail, Grand Canyon

베스트 트렉/
세계 탑 10 트렉

1위 칠레	토레스 델 파이네트랙, 파타고니아
2위 페루	잉카 트레일
3위 탄자니아	킬리만자로산

4위 프랑스	
이탈리아	하우트 루트
스위스	
5위 네팔	에베레스트 베이스 캠프
6위 뉴질랜드	라우트번 트렉
7위 파키스탄	스노우 레이크/비아포히스파/룹게라 지역
8위 파키스탄	발토로 빙하/콘코르디아
9위 인디아	젠스카 강/라다크
10위 미국	칼리밥 트레일/그랜드 캐년

World's Top 50 Treks에 들어가는 미국의 트레일

19위 Kalalau trail, Hawai
28위 Jhon Muir Trail, California
29위 The Narrows, USA(Zion National Park)
36위 AT.
37위 Highline Trail, Wyoming Rockies
45위 Maroon Bells Circuit White River Nat. Forest, Colorado
45위 CDT, Rockies

세계 탑 50 트렉에 들어가는 미국의 트레일

19위 칼랄라우 트레일, 하와이
28위 존 뮤어 트레일, 캘리포니아
29위 더 네로우스, 미국(시온 국립공원)
36위 AT.
37위 하이라인 트레일, 와이오밍 록키스
45위 마룬 벨스 서킷 화이트 리버 국유림, 콜로라도
45위 CDT, 록키스

위 등위는 참고사항이다. 주관에 의해서 다를 수도 있기 때문이다. 인터넷 상에서는 CDT의 Jhon Muir Trail은 세계 3대 트레일로 거론하지만 여기서

는 28위가 아닌가?

로키 산맥

로키 산맥하면 북아메리카 대륙의 서부에 있는 거대한 산맥이라는 생각을 하게 된다. 지도를 보면 알래스카 주에서 중앙아메리카의 파나마까지 고산지대의 표시가 되어있다. 그렇다면 남아메리카의 안데스 산맥보다 더 긴 산맥이 되지 않았을까?

그러나 자료를 보면 로키 산맥의 정확한 위치는 캐나다의 서쪽 브리티시컬럼비아의 가장 북쪽에서 미국의 서남부 뉴멕시코 주까지이다. 길이는 4,830km이며 폭은 110~480km이다. 4,000m가 넘는 산이 64좌 100번 째 높은 산의 높이가 3,749m이니 높이를 짐작할 수 있다.

북아메리카 주에서 제일 높은 산은 알래스카의 알래스카 랜지의 매킨리 산(6,194m)이다. 미국의 열한개의 고봉이 알래스카 주에 있다.

좀 옆으로 빠진 감이 있지만 로키 산맥은 안데스 산맥에 이어 세계에서 두 번째 긴 산맥이다. 미주리 강을 포함하여 15개 강의 발원지이다. 굵직굵직한 국립공원은 엘로스톤국립공원을 포함해서 미국에 7개 캐나다에 5개가 있다.

스키 리조트들이 무수히 많다. 캐나다 쪽에는 아름다운 빙하호가 유명하다. 남북으로 길게 뻗은 산맥이므로 동식물에게 영향을 미치는 기후가 다양하다.

남쪽 계곡에는 연간 강수량이 250mm에 지나지않지만 북쪽은 1,500mm이다. 브리티시 컬럼비아 쪽은 평균기온이 −7 ℃이고 콜로라도 쪽은 6 ℃이다.

북쪽의 트리라인treeline은 캐나다의 유콘 주 근처에서는 760m까지이고 뉴멕시코 주에서는 3,700m이다.

로키산맥은 위도와 고저에 따라서 10개의 산림 지역으로 구분된다. 이런 자연환경이니 서식하는 동식물도 다양하고 풍부하다. 지하자원이 많아 광공업이 발달되었고 농업과 목축업 임업도 중요한 산업이다.

로키 산맥의 진수를 본 것은 콜로라도 주에서 이었다. 로키 산맥의 10,000ft(3,000m)가 넘는 고봉들 중 75%가 콜로라도 주에 위치해있다. 10월 중순에 로키산국립공원에 갔었다. 가는 도중에는 버드나무 단풍이 그렇게 아름다웠다. 목장도 보였고 높은 고개도 넘었다. 골짜기마다 옥수가 흐르고 야생화는 흐드러지게 피었다. 처음 보는 설산의 고봉들은 신비감을 주었다.

특히 물고기가 많은 산후안 강을 만났고 리오그란데의 상류, 상당한 급류와 로열협곡으로 유명한 아칸소 강의 상류도 만났다.

기기묘묘한 바위와 협곡, 산의 정상이 구름에 가려졌다 벗겨지는 파노라마. 끝이 없는 가문비나무 숲들. 관광도로가 정상까지 나있어 편리했다. 우리는 정상으로 계속 차를 몰았다. 곳곳에 vista point가 있었다. 경치를 구경하러 밖에 나갔다가 살을 예이는 추위에 쫓겨 사진을 몇 장 찍고 차로 돌아오기를 반복했다. 조금 더 올라가니까 분화구가 있었다. 지금은 사화산이지만 보드에 그려진 상상화는 놀라울 정도이었다. 이곳이 화산지대임을 알 수 있었다.

산 정상은 나무가 없이 풀들만 자라고 있었다. 풀의 생명력은 강하다. 내려오는 길에 자그마한 호수를 만났다.

대륙 분수Continental Divide인 밀러 패스Milner Pass(elev. 10,759ft)에 있는 호수인데 한쪽은 남 프래트 강S Platte R으로 흘러 대서양으로, 다른 쪽은 콜로라도 강으로 흘러 태평양으로 나누어지는 물의 갈림이 있어 많은 것을 생각하게 했다.

마운트 엘버트Mount Elbert 14,438 ft (4,401 m), 하버드 산Mt. Harvard14,421ft(4,396m), 예일 산Mt. Yale14,196ft(4,328m)을 포함한

14,000ft가 넘는 거봉들이 즐비한 서워치 산맥Sawatch Range도 로키산국립공원 못지않았다.

애팔래치아 산맥Appalachian Mountains

애팔래치아 산맥은 두 번 째 미국여행에서 세넌도어국립공원, 블루리치공원 도로, 그레이트스모키 산맥국립공원을 차로 관광하면서 접했다.

애팔래치아 산맥은 캐나다의 퀘벡 주에서 미국의 앨라배마 주까지 3,200km이며 폭은 160~480km이고 평균고도는 1,000m이다. 기후는 대체로 온대습윤기후지역으로 블루리치공원 지역은 연강우량이 1,750mm이다. 연강설량도 높아 미첼 산은 254cm 이다.

우리가 알다시피 미국에는 거대한 산맥이 둘 있다. 하나는 서부의 로키 산맥이고 다른 하나는 동부의 애팔래치아 산맥이다. 로키 산맥에는 4,000m가 넘는 산이 64좌가 있지만 애팔래치아 산맥에는 2,000m가 넘는 산이 겨우 4봉우리 뿐 이다. 그러므로 길이와 높이로는 비교가 되지 않는다.

그러나 애팔래치아 산맥은 미국의 심장인 동부에 없어서는 안 될 보물이다. 이 산맥이 있음으로 미국은 신의 축복받은 땅이 된 것이 아닐까. 산림과 지하자원이 많아 석탄, 철광, 암염, 화강암, 대리석 제재산업과 펄프산업이 발달하였고 수자원이 풍부하다. TVA가 탄생한 것도 애팔래치아 산맥이 있기 때문이다.

로키 산맥도 거대한 산맥으로 수자원이 풍부하고 광물이 풍부하다. 중요 광물로는 구리, 철광석, 금은납 아연 비철광물로는 인산염, 칼륨, 중탄산소, 마그네슘, 리듐염, 글라우버염, 석고, 석회암고회석 등. 분지 지역에는 석유와 가스유전이 많다 고체탄화수소물질의 매장량이 엄청나다. 따라서 두 산맥다 미국의 부의 밑거름이 되는 신의 선물이다.

좁은 소견인지 모르지만 산은 높이로만 결정할 것이 아니다. 일반적으로

산의 높이는 2,000m가 적당하지 않을까? 하는 생각이다. 우리나라의 한나산과 지리산도 2,000m가 안 된다. 그래도 훌륭하지 않은가!

산은 접근성도 중요하고 수목도 중요하다. 그곳에 서식하는 동식물도 중요하다. 수계도 중요하다. 수목의 종류는 2,000종이 넘는다고 한다.

일부이기는 하나 애팔래치아 산맥을 종주한 것은 2009년 10월 초이었다. 그렇게 아름답고 광활한 단풍을 본 것은 난생 처음이었다.

안데스 산맥Andes Mountains

남미를 4개월에 걸쳐 여행하면서 안데스 산맥을 여러 번 넘었다. 안데스 산맥은 세계에서 가장 긴 산맥이고 남아메리카의 서쪽 해안지대에 있다. 남아메리카 주의 등뼈가 되는 산맥이다.

안데스 산맥은 아시아 주에 있는 대 히말라야 산맥을 제외한 가장 높은 산맥이다. 길이는 7,000km이고 넓이는 200km~700km이다.

6,000m 이상의 고봉이 102좌, 5,000m 이상의 고봉은 855(102좌 포함)좌나 된다. 가장 높은 산은 아콩카과Aconcagua로 높이가 6,960.8m이다.

처음 안데스 산맥을 본 것은 아르헨티나의 멘도사에서 이었다. 시내에서 안데스 산맥을 볼 수 있고 알타몬타나Alta montana 투어에 참가해서 이었다. 두 번째는 아르헨티나에서 칠레로 국경을 넘을 때이었다.

다음은 5월 중순에 그 유명한 알티플라노 고원Altiplano Highland을 버스로 횡단했다. 해발고도 3,600m~4,200m이며 면적은 109만 8,581km² 이다. 우유니 염호, 포토시, 코참밤바에서 오루노를 거쳐 라 파스와 페루의 티티카카 호가 전부 알티플라노 고원이다. 그러나 넓이로는 티벳 고원보다 작고 높이로는 파미르 고원보다 낮다.

(세계의 지붕인 파미르 고원Pamir Mountains의 평균 고도는 6,100m이고

넓이는 8,400km² 이다. 티베트 고원Tibetan Plateau은 고도가 4,500m 이상 이며 넓이는 250만 km² 이다)

알티플라노 고원에도 사람이 살고 있었다. 크고 작은 마을이 가끔 눈에 띠었는데 빈집이 많았다.

안데스 산맥을 실감한 것은 아마존 투어를 2번 했는데 처음은 라파스에서 루레나바케로 가는 길에서 이었다. 그 길을 융가스 길Yungas Road인데, 볼리비아에서 가장 사망 사고가 많기로 유명한 길이다.

해발 4,600m의 고개 정상에서 1,200m까지 내려갔다. 양옆에는 깊이를 알 수 없는 공포의 절벽이 끊임없이 이어졌고 급커브와 급경사, 시야를 가리는 안개가, 과연 세계에서 가장 위험한 길임을 실감했다.

공포를 잊기 위해서 바라본 산과 구름에 가렸다 나타나는 계곡은 참으로 아름다웠다. 위험하지만 않다면 내가 미국과 중남미 여러 나라에서 본 도로 중에서 가장 아름다운 도로 중 하나이었다. 산에는 나무들이 무성했다.

중간 지점인 요로시타에서 루레로 가는 길도 더 했으면 더 했다.

왼쪽으로 오던 화물차는 오른 쪽으로 우리가 탄 버스는 오른쪽으로 가다가 왼쪽 차선으로 바꿔서 가야하는 도로이었다. 이 희한한 차 비낌은 세상에서 이곳이 유일하지 않나 싶었다. 이에 대한 설명을 보면 운전수가 도로의 가장자리를 식별할 수 있는 곳이 왼쪽이기 때문이란다. 이러한 진행이 수십 번 일어났다. 라 파스로 돌아올 때는 도로가 너무 위험해서 비행기를 탔다.

비행기에서 본 안데스는 너무 웅장하고 아름다웠다. 정글지대를 흐르는 굴곡이 심한 아마존 강도 그림 같았다. 비행기는 이틀에 걸쳐 간 길을 단 한 시간에 끝내주었다.

두 번 째 아마존 투어는 쿠스코에서 푸에르또 말도라도에 비행기로 갔다 왔을 때이었다. 아르헨티나, 볼리비아, 페루에 안데스의 고봉들이 많다. 눈 덮인 고봉들의 파노라마는 숨이 막힐 지경이었다.

다음은 페루에서 가장 높은 우아스카라(6,768m)산의 산사태를 초래해서

옛 융가이 마을은 1970년 5월에 발생한 대지진으로 2만5천여 명이 산사태속에 파묻혀버렸다. 그곳이 보고 싶었다. 어떻게 생긴 흉지凶地이기에 그렇게 많은 인명을 빼앗아 갔는지를 확인하고 싶었다.

추모공원에는 하얀 크리스트 상이 서있었을 뿐 아무 말이 없었다.

그리고 우아스카란 산을 위시한 우인트6,395m, 아운도이6395m, 초피칼키6,356m 등 6,000m 급 산이 40좌, 5,000m급 산이 500좌가 있는 불랑카 산군을 보고 싶었다. 세계에서 가장 아름답다는 아르파마요(5,947m)도 이 산군에 있다. 휴화산인 우아스카라 산은 구름에 가려 영봉은 잘 볼 수 없었다. 불랑카 산군의 영봉은 만년설로 눈부셨다.

에콰도르의 키토에서 귀국절차를 밟으러 영사관에 갔다. 그곳에서 에콰도르에 와있는 유일한 한국인 수녀를 만났다. 이야기 끝에 된장국이 먹고 싶다니까 된장국을 끓여 줄 테니까 수녀원에 가자고 해서 또 한 번 안데스 산맥을 넘었다. 4,000m가 넘는 고개를 넘어 수녀원은 있었다. 적도하의 안데스는 또 색다른 풍물을 자랑했다. 산은 역시 높고 골짜기는 깊었다. 비가 자주 내려서 그런지 물이 풍부했다. 폭포도 많았다. 산사태가 여러 번 나서 사람이 많이 죽었단다.

2001년 세계 금속자원 생산 및 매장량 통계에 의하면 안데스 산맥 국가들 중 순위는 아래와 같았다.

구리의 세계 생산량은 칠레가 1위이다. 은은 페루가 2위이다. 금은 페루가 7위, 납은 페루가 4위, 아연은 페루가 3위, 텅스텐은 볼리비아가 6위, 몰리브텐은 칠레가 2위 페루가 4위, 주석은 페루가 3위 볼리비아가 5위, 니켈은 콜롬비아가 7위, 비소는 칠레가 2위, 안티모니는 볼리비아가 4위, 창연은 페루와 볼리비아가 3, 4위이다. 인듐은 페루가 5위, 텔루륨은 페루가 2위, 셀레늄은 칠레와 페루가 각각 2위와 4위이다.

이 통계로 안데스 산맥에 광물이 얼마나 많은지 알 수가 있을 것 같다. 안데스 산맥은 세계에서 가장 많은 광물을 품고 있는 산맥이 틀림없다.

독 참나무와 상록 참나무

빌 브라이슨이 지은 『나를 부르는 숲』 이라는 책을 읽다보니 독 참나무가 있어, 이영노 저 『원색 한국식물도감』을 찾아보았더니 참나무가 약 200종이나 있는데 우리나라에는 19종이 있고, 상록 참나무도 있는데 대부분 제주도에서 자라는 가시나무 계통의 나무였다.

우리나라에는 독 참나무는 없었다.

『the nature handbook』과 internet에서 '독 참나무는 독 담쟁이나 옻나무 같이 알레르기 피부염을 일으키는 나무이며 애팔래치아 산맥과 텍사스 주에서 발견된다.' 고 쓰여 있었다.

나는 지난해에 애팔래치아 산맥과 텍사스 주에 갔지만 독 참나무는 발견하지 못했다. 이러한 희귀종들이 흔할 리가 없을 것이다.

애리조나 주의 피닉스에 있었을 때 가로수로 상록 참나무를 심은 것을 보았다. 잎이 작은 참나무인데 '애리조나 참나무' 라는 표찰이 붙어있었다.

처음부터 그 나무를 알아본 것은 아니었다. 땅에 떨어진 도토리를 보고 알았다. 가을이 되면서 보도에 많은 도토리가 덜어졌다. 그래서 위를 보았더니 잎이 작은 참나무가 눈에 띄었다. 가로수 아래로 수없이 지나다녔으면서도 참나무를 알아보지 못한 것이었다. 설마 참나무를 가로수로 심었을까? 하는 생각에서 이다. 아열대의 나무들은 알아보기가 힘들다. 나무에 대해서 관심도 있고 조금은 아는데도 통 구분이 안 된다. 이곳 애리조나만 해도 나무들이 적응을 하기 위해서 많은 변이가 일어났다.

도토리는 우리나라 도토리보다 훨씬 크고 윤택이 있었다.

미국의 대도시에는 한국마트가 있다. 그곳에는 한국에 있는, 모든 식료품이 다 있다. 두부와 도토리묵도 있다.

그래서 그곳에 살고 있는 한 교포에게 도토리가 많은데 묵을 해 드셨는가 물어보았다.

그 분의 이야기는, 묵을 해서 먹어봤는데, 맛이 없어서 못 먹겠더라고 말했다. 어째서 국산은 맛이 있고 타국 것은 맛이 없을까? 이해가 잘 되지 않았다. 혀가 고급이 된 것인가? 몸에 벤 입맛 때문인가. 상록 참나무의 열매라 그러한가?

한 때 애리조나 주의 맨 남쪽에 있는 툼스톤Tombstone에 간 일이 있다. 그 때 멕시코와의 국경지대를 돌아다니면서 관광을 했는데 산에서 애리조나 상록 참나무 숲을 많이 보았다.

미국의 참나무 숲은 워싱턴 D. C. 주변과 애팔래치아 산맥의 숲, 캘리포니아 북쪽 해안지대의 산림이 가장 훌륭하다. 왜 참나무가 미국의 국목 인가 알거 같았다.

우리나라의 참나무 숲은 점봉산 참나무 숲이 제일이라고 한다. 내가 본 참나무 숲으로는 무주 적상산 정상에서 본 숲이 가장 멋있었다. 참나무가 크고 오래되어서인지 참나무위에 겨우살이가 많았다. 적상산 참나무는 애팔래치아 산맥의 참나무 숲에 비견될 만큼 훌륭했다. 대전근교의 계족산성에서 장동으로 내려오는 산비탈이 참나무 숲도 넓고 울창했다.

세도나Sedona

"신은 그랜드 캐니언을 만들었으나 살기는 세도나에서 산다God makes the Grand Cannon, but He lives in Sedona" 라는 말이 있다. 그만큼 세도나가 좋은 곳이라는 이야기 일 것이다.

아침에 일어나니 날씨가 좋았다. 아침 식사는 햇반과 컵라면으로 때우고 9시 쯤 벨 로드Bell Rd의 숲을 답사하기로 했다. 차를 타고 어제 저녁에 보아 둔 곳으로 갔다. 많은 사람이 나와 있었다. 표는 어제 사두었으나 보여 달라는 사람도 없었고 지키는 사람도 없었다.

숲 속을 그냥 걸으면 되는 것이다. 아무 장식도 없는 자연 그대로의 흙길이었다. 작은 관목의 향나무들이 숲을 이루고 있었다. 우리는 행복한 연인이 되어 맑은 공기를 마음껏 들어 마셨다. 천국이 따로 없었다. 벨록Bell Rock, 홀리 크로스 채플Holy Cross Chapel, 에어포트 메사Airport Mesa, 성당 바위Cathedral Rock, 보이턴 캐니언Boynton Canyon 등. 주위에 유명한 바위들이 많았다. 소라는 비디오로 경치를 담고 나는 사진을 몇 장 찍었다. 한 시간 반쯤 걷다가 숙소로 돌아왔다. 차를 타고 Chapel Rd로 가서 교회를 보기로 했다. 길을 잘 못 들어 한참을 헤매다가 드디어 올바른 길을 찾았다. 어느 여류 건축가가 설계해서 지은 조그마한 교회가 유명하단다. 거대한 바위 사이에 지어진 아름다운 건물이었다. 사람들이 많이 몰렸다. 주위의 바위는 가까이서 보니 찰흙으로 주물러서 만든 것 같았다. 지하실에는 기념품상점이 있어 나는 누님과 여동생에게 줄 선물을 샀다. 조그마한 십자가가 달린 묵주이었다. 점심때가 지나서 숙소로 돌아와 근처에 있는 타이 음식점에서 식사를 했다. 중국 음식점과는 비교가 되지 않았다. 이것저것 시켜 24불이나 주었는데도 배가 부르지 않았다. 여관에 와서 낮잠을 한숨 잤다.

오후 3시 경에 구경을 나갔다. 다시 교회에 가서 사진을 몇 장 더 찍고 시내로 나갔다. 세도나 중심부로 오크 크릭크Oak Creek가 흐르고 있었다. 제법 수량이 많았다. 우리는 에어포트 메사Airport Mesa에 올라갔다. 거기서 보는 앞산의 바위는 장관이었다. 갑자기 비가 내려 사진도 비디오도 찍을 수가 없었다. 시내로 내려와 이동을 했다. 조금 가니까 세도나 주립공원Sadona State Park이 나타났다. 여행 안내서에 없는 곳이었다. 한적한 도로를 달렸다. 공원입구가 나타나 무조건 들어갔다. 여행 안내소에 들어가 정보를 얻었다. 공원 직원이 위험하니 깊이 들어가지 말고 5시를 넘기지 말라는 당부를 했다. 사무실 뒤에서 벌새humming-bird 여러 마리가 노는 것을 보았다. 벌새가 있다는 말은 들었지만 실제로 본 것은 처음이었다. 인공적으로 만든 꿀통에 벌새들이 모여들었다. 벌새가 날라 왔다가 저만치 가고 잠시 멈추었다가 또 오고하는 것이었다. 벌새는 나는 것이 특이해서 과학자들이 벌새의 나는 모습을 모방해서 헬리콥터를 만들었다는 글을 읽은 것이 생각났다. 벌새는 날다가 멈출 수 있고 수직으로 상승과 하강이 가능하며 급선회할 수도 있다.

공원의 오크 크릭크는 우리나라에서는 얼마든지 볼 수 있을 정도의 개울에 지나지 않았다. 그러나 사막지대인 이곳에서는 굉장히 가치 있는 것으로 여긴다. 미국에 와보니까 우리나라의 자연이 얼마나 아름다운가를 느낄 수 있었다. 이 공원의 특징은 역시 바위와 나무들이었다. 나무들이 참 많았다.

잠시 쉬면서 천도복숭아를 하나씩 먹고 돌아왔다. 소라는 다시 에어포트 메사에 가서 사진을 찍겠다고 말했다. 어느새 비가 그치고 그곳에는 일몰을 구경하는 사람들이 많이 몰려있었다. 일몰이 참 아름다웠다. 붉은 바위를 더 붉게 만들어 신비하게 했다. 그것은 바로 신의 작품이었다.

어제 저녁에 식사를 한 중국식당에 가서 저녁을 먹기로 했다. 유산슬을 먹었는데 시장하던 차라 맛이 있었다.

뜻밖에도 둘째 딸 지은이에게 전화가 왔다. 내용인즉 서울대병원에서 폐렴이 의심스럽다는 전화가 왔다는 것이었다. 담당의사가 아버지와 직접 전화를 하고 싶다는 말도 했다고 한다. 아이들이 걱정을 많이 하는 것 같았다. 그래서 지은이에게 기침도 하지 않고 건강하다는 말을 했다. 실제로 미국에 와서 지금은 건강하다.

그라나 기분은 좀 묘했고 나도 걱정이 되었다.

그랜드 캐니언

세도나에서 그랜드 캐니언Grand Canyon으로 향했다. 세도나에서 출발해서 오크 크릭크를 따라 나있는 길을 달렸다. 시내를 벗어나 얼마 가지 않아 Oak Creek Canyon이 나타났다. 우리는 물줄기를 거슬러 올라가고 있었다. 이 길이 주변 경관이 아름답기로 소문난 길이었다. 상당히 높은 고개를 오르자 고원지대가 펼쳐졌다. 잠시 쉬면서 화장실에 갔는데, 한국의 재래식 화장실이 있었다. 미국에도 그런 곳이 있었다. 신기했다.

다시 출발했다. 지금까지 울창하던 소나무 숲은 간데없고 사막의 나무가 나타나기도 하고 눈이 부신 황금 꽃밭이 나타났다.

1시 경에 그랜드 캐니언 국립공원 비행장이 있는 투사얀Tusayan을 지나 Grand Canyon에 도착했다. 그곳 여행 안내소에 가서 그랜드 캐니언에 대한 영화를 보고 정보도 얻었으며 점심도 먹었다. 관광객들이 참 많았다.

그랜드 캐니언은 4억년이 넘는 세월 동안 콜로라도 강의 급류가 만들어 낸 협곡이다.

우선 수치로 본 그랜드 캐니언은 길이가 446km이고 폭이 29km이며 깊이가 1.83km이다. 넓이는 4,926km^2 이다.

서울서 부산까지 경부선의 총 길이가 417.8km이니, 오히려 그랜드 캐니언이 더 긴 섐이다.

중국의 양자강에 있는 그 유명하다는 삼협의 길이가 200km 남짓하다.

그랜드 캐니언은 North Rim, South Rim, West Rim, East Rim의 구역으로 나눈다. 대부분의 사람들은 South Rim으로 들어간다. North Rim은 LA나 라스베가스, 덴버에서 가기가 편한 곳이다.

그랜드캐니언의 기원에 대해서는 위키 백과에 다음과 같이 기록되어 있다.

그랜드 캐니언의 기원은 약 7,000만 년 전 이 일대를 포함한 넓은 지역이 지구의 지각 변동에 의한 카이밥 융기를 형성한데서 시작됐다고 한다.
약 4,000만 년 전, 콜로라도 강에 의한 침식이 진행되어 약 200만 년 전쯤에 현재와 같은 모습이 되었다. (위키 백과)

* 카이밥 융기: 그랜드 캐니언의 맨 밑에 놓인 태핏 사암Tapeat Sandstone은 5억 5천 만년, 맨 위에 쌓인 카이밥 석회암Kaibab Limstone은 2억년이 되었다.

셔틀버스를 탔다. 이곳의 셔틀버스 시스템은 복잡했다. 그랜드 캐니언 까지 가는 시스템과 그곳에서 운영하는 시스템이 3가지나 있어 우리 같은 외국인에게는 구분하기가 어려웠다. 처음 간 곳은 그랜드 캐니언 최고의 전망대라 일컬어는 야바파이 포인트Yavapai Point이었다.

눈앞에 전개된 광경은 놀랄만한 것이었다. 신이 만들었다는 이야기가 나올 만큼 장엄하고 신비했다. 70 평생 웅장하고 아름다운 경치도 많이 봤지만, 바위의 대 파노라마를 보고 입이 딱 벌어져서 다물어지지 않았다.

주로 그곳에서 시간을 많이 보냈다. 정말 표현할 수 없이 장엄한 광경이었다. 신비가 가득한 곳이었다. 거대한 협곡과 바위의 파노라마는 숨이 막힐 지경이었다. 신의 작품이 틀림없는 위대한 걸작이 거기에 있었다. 연신 사진을 찍고 비디오를 돌렸다. 이 협곡을 만든 콜로라도 강의 격류를 보고 싶었으나 대협곡은 꼭꼭 숨겼다. 제법 위험한 곳까지 내려갔다. 그러나 강은 볼 수 없었다. 마더 포인트Mother Point를 구경하고 야키 포인트Yaki Point로 이동했다. 셔틀버스 타는 것이 문제였다. 한 미남미녀의 부부가 자기들도 야키의 선셋을 보러간다면서 따라 오라고 해서 따라 갔다. 그곳에서도 콜로라도 강은 형체를 숨기고 있었다. 검은 콘도르가 하늘을 날고 바람이 불었다. 사람들은 선셋을 보기위해서 기다리고 있었다. 명상을 하는 사람 독서를 하는 사람

연인과 꼭 껴안고 있는 사람, 키스를 하는 사람, 마음 맞는 사람과 대화를 나누는 사람.

소라는 내 무릎을 베고 누워 띠 없이 맑은 하늘을 바라보았다.

드디어 노을이 바위를 물 드리기 시작했다. 신비로운 색감, 시시각각으로 변하는 황홀함, 꼭 천국에 있는 착각이 일어났다. 인간의 언어로는 표현이 불가능하고 다만 느낄 뿐이었다.

순간이었다. 어둠이 서서히 내려깔렸다. 어둠 속에 자아를 잃고 서로 손을 잡고 우두커니 서있었다.

8월인데도 날씨가 무척 추웠다. 2,000m가 넘는 고원이니 그럴 수밖에 없었다. 우리는 반바지 차림이었다.

이튿날 승용차로 데저트 비유 드라이브Desert View Drive를 달려보기로 했다. 이 도로는 카이밥 트레일 루트의 길이다. 우리는 Little Colorado River Gorge 도 구경할 계획이었다. 웨스트 림으로 가는 허밋레스트 루트는 셔틀버스만 다니는 길이 끼어 있어 포기 했다. 그곳에는 Skywalk도 있지만 너무 멀었다. 우리는 시카고의 시어즈 타워Sears Tower에서 비슷한 경험을 한 일이 있다.

콜로라도 강물을 바라볼 수 있는 곳이 두 곳이 있다. 하나는 하늘 통로이고 또 하나는 토로이프 전망대이다.

이 두 곳을 가는 길은 쉽지가 않다. 스카이 워크는 그랜드캐니언 사우스림에서 5시간의 거리에 있다. 다음 글은 참고가 될 것이다.

> The Grand Canyon Skywalk is a glass-bottom "U"-shaped bridge that overlooks the Colorado River and the Grand Canyon's West Rim. And did we mention it's also the world' s highest man-made structure –

by more than 2,300 feet (700 meters)!

그랜드캐년 스카이워크는 U자모양의 브리지로 바닥이 유리로 되어있는데 콜로라도 강과 그랜드캐년의 서쪽자랑으로 볼 수 있다. 그리고 그랜드캐년 스카이워크는 인간이 만든 구조물중 가장 높은 곳에 있다.

The glass, 70-foot (21-meter) long, open-air Skywalk is suspended 4,000 feet (1,219 m) above the canyon floor, providing 720-degree views on all sides. Needless to say, the Grand Canyon Skywalk is an exhilarating experience. The cantilever design was created by David Jin and can support the weight of 71 fully loaded 747 airplanes (that's a whopping 71 million pounds - 32 000 tons!), withstand winds up to 100 mph (160 kmh) and survive a magnitude 8.0 earthquake.

유리로 된 21m길이가 절벽 밖으로 돌출되어 매달려있는 스카이워크는 그랜드캐년의 바닥에서 1,219m 높이에 있으며 모든 방향을 볼 수 있다. 말할 필요도 없이, 그랜드캐년 스카이워크는 아주 신나는 경험이 될 것이다. 이 캔틸레버 디자인은 데이비드 진이 설계하였는데 사람을 가득태운 747비행기 71대(무려 32,000톤)를 올려놓을 수 있고, 시속 160km의 바람을 견디며 진도 8.0의 지진에도 견딘다고 한다.

The Skywalk, managed by the Hualapai Tribe and located on tribal lands, consists of a horseshoe shaped steel frame with glass floor and sides that projects about 70 feet(21m) from the canyon rim.

월라파이 인디언부족Hualapai Tribe이 그들 부족의 땅에 만들어서 관리하고 있는 이 스카이워크는 말발굽 모양의 철제프레임으로 바닥과 옆면이 유리로 되어있는데 그랜드캐년의 절벽끝에서 21미터가량 돌출되어있다.

토로이프 전망대는 라스베이거스로 가서 유다 주의 St. 조지나 애리조나 주의 콜로라도 시에서 가야하는데 아주 험한 길이라 여러 가지 제약을 받는다.

The remote Toroweap Overlook in the western part of the Grand Canyon offers adventurous visitors one of the canyon's most fantastic vistas (photo, left). From an unfenced ledge, you can view the Colorado River 3,000 feet straight below! The famous Lava Falls Rapid, considered the canyon's biggest challenge for white water rafters, is just downriver and can easily be seen and heard from the overlook.

그랜드캐년의 서쪽으로 멀리 떨어져있는 토로이프 전망대Toroweap Overlook는 모험을 즐기는 방문객에게 그랜드캐년의 가장 판타스틱한 전망을 제공한다. 안전 펜스도 없는 절벽끝 바위에서 900m 아래에 흐르는 콜로라도강을 볼 수 있다. 급류타기를 좋아하는 사람들white water rafters에게 유명한 그랜드 캐년의 가장 큰 도전거리인 라바폴래피드Lava Falls Rapid 급류는 바로 강 아래쪽에 있으며, 전망대에서 그 광경을 잘 볼 수 있고 소리까지도 들을 수 있다.

The Bureau of Land Management Arizona Strip Visitor Maps are sold at the Arizona Strip Information Center in St. George, Utah, at nearby Pipe Spring National Monument, and at the Kaibab National Forest office in Fredonia, Arizona.

미국 내무부 국토관리국Bureau of Land Management이 제작한 애리조나 스트립 비지터 맵Arizona Strip Visitor Map은 애리조나 주 프레도니아Fredonia의 카이밥 지방 산림청Kaibab National Forest office과 파이프 스프링 네셔날 모뉴먼트(Pipe Spring National Monument; 국가지정 사적지) 근처의 유타주 세인트 조지아에 있는 애리조나 스트립 인포메이션 센터Arizona Strip Information Center에서 판매하고 있다.

The area can be reached from Arizona Highway 389 near Fredonia or Colorado City, Arizona, or from St. George, Utah.

이 지역은 프레도니아Fredonia 근처 애리조나 하이웨이 389나 애리조나 주

콜로라도 시티, 또는 유타주의 세인트 조지를 통해 접근할 수 있다

Sunshine Route (BLM road #109), the primary access route, leaves Highway 389 about seven miles/12km west of Fredonia. (6 miles east of Pipe Springs NM) It is 61 miles /100 km long and is the most reliable route, but is subject to washboarding and dust.
Clayhole Route (BLM Road #5) leaves Highway 389 at Colorado City. It is also about 60 miles /100 km long, but may be impassable when wet.
Main Street Route (BLM Roads #1069 and #5) from St. George is about 90 miles/145 km long and is the most scenic route. It may be impassable in winter due to snow on the slopes of Mt. Trumbull.

주 접근로인 썬샤인라우트(BLM road #109)는 프레도니아 서부 12km(뉴멕시코 파이프 스프링스의 동쪽 6마일)에서 고속도로 389를 빠져나오면 된다. 거리가 100km이며 가장 확실한 길이긴 하지만, 길이 거칠고 먼지가 많이 날릴 수 있다.
클레이홀 라우트(BLM Road #5)는 콜로라도시티에서 하이웨이 389를 빠져나오면 된다. 마찬가지로 거리가 100km가량 되는데 도로가 젖었을 때는 통과하지 못할 수 있다.
세인트 조지로부터 연결되는 메인스트리트라우트(BLM Roads #1069 and #5)는 거리가 145km 가량 되며 가장 경치가 좋은 길이다. 겨울철에는 트럼불산(Mt. Trumbull.)의 경사면에 쌓이는 눈 때문에 통과하지 못 할 수도 있다.

Winter Travel December through March these roads, including the main Sunshine Route, become muddy and impassable when covered by melting snow. Travel may be possible when the road surface freezes at low temperatures (below 20° F /-7° C) but roads become impassible again as the temperature rises. During the winter, roads often are passible only between 4:00 a.m. and 8:00 a.m., if at all.

12월에서 3월까지 선샤인라우트를 통과하는 겨울여행은, 눈이 녹았을 때 길이 진흙탕으로 변해 통과가 불가능할 수 있다. 기온이 영하 7도 이하로 떨어져 도

로의 표면이 얼었을 때 여행이 가능해 질 수 있다. 하지만 기온이 다시 올라가면 도로를 통과하지 못하게 된다. 겨울동안 종종 오전 4시에서 오전 8시 사이만 통과가 가능해진다.

미국의 많은 국립공원처럼 험준하고 광활한 그랜드 캐니언도 하루 이틀에 다 볼수는 없다. 책을 통해 상상의 나래를 펼수 밖에..

어도비Adobe

6. 25 사변 직후 농촌이나 읍내에서는 흙벽돌집이 유행이었다. 전쟁 직후 말할 수 없이 가난한 시절이었다. 폭격이나 화재로 파괴된 집을 지으려면, 돈이 없으니 재목을 사기도 어려워, 주위에 흔한 흙에 짚을 썰어 넣고 물을 부여 이긴 후, 벽돌로 찍어 햇빛에 말려 담처럼 쌓아 집을 지었다. 물론 부자들은 나무나 비싼 벽돌로 집을 지었다. 도시에는 판잣집이 유행하기도 했다. 판잣집은 도시의 빈민들이 널빤지로 지은 집이다.

흙벽돌집은 보기에는 조잡하지만 시골의 초가처럼 여름에는 시원하고 겨울에는 따뜻했다. 그러나 흙벽돌집은 경제사정이 좋아지면서 없어졌다. 고급 주택을 짓기에는 적합한 방법이 아니기 때문이다.

미국의 서남부 사막지대에서 인디언들이 흙벽돌집을 짓고 사는 것을 보았다. 이 흙벽돌집을 어도비라고 한다. 인디언들의 어도비는 우리의 흙벽돌집과 지붕이 다르다. 우리나라의 흙벽돌집은 지붕은 서가래와 볏집으로 했으나 어도비는 지붕까지도 흙으로 만든다. 사막지대이기 때문에 비가 적어 그 점이 가능한 것 같다.

세계적인 예술의 도시로 일컫는 샌타페이Sante Fe는 시내 집이 전부 어도비이다. 샌타페이는 인구67,947명(2010년 인구 조사)의 작은 도시이지만 예술의 도시이다.

1958년 이후에는 건축규제법에 의해 전통적인 스페인- 푸에블로 인디언식 건축물이 보호되고 있다. 스페인-푸에블로 인디언식 건축물은 거창하게 말해서 그렇지 쉽게 이야기하면 어도비-흙벽돌집이다.

세계적인 예술의 도시인 샌타페이는 이 방법을 고집해 성공을 거두었다. 샌타페이가 예술의 도시로 발달한 이유가 비단 어도비뿐만 아니고 예술가들이 많이 모여든 것이겠지만 어도비는 이 도시를 특이하게 한 것은 사실이다.

미국에서 샌타페이는 뉴욕, LA와 같은 거대 도시와 더불어 미술의 3대 시장이다. 그만큼 미술가들이 많이 산다는 뜻이다. 미술가뿐 아니라 문학가, 음악가들도 많이 살고 있다. 건조하고 쾌적한 날씨 덕택에 여름 휴양지로 인기가 높다.

예술의 도시답게 박물관과 갤러리가 도시를 메우고 있고 세계의 곳곳에서 온 관광객이 넘쳐난다. 2008년 북경 올림픽 때 티벳의 까까중-라마승들이 "China, Go Home!" 하고 데모하는 것을 보았다.

샌타페이에 미술가들이 많이 모인 이유는 2,134m의 고도에다 햇빛과 황량한 사막의 풍치 때문이다. 누구나 가보고 싶은 예술의 도시이다.

위키백과에 의하면 샌타페이는 문화관광, 낭만적 관광, 박물관 갤러리, 쇼핑/벼룩시장, 실내장식/디자인, 크리스마스 관광 등 모든 품목에서 5위권에 드는 미국의 유일한 도시다.

조지아 오키프Georgia O'keeffe(1887~1986)의 집

뉴멕시코 주 샌타페이Sante Fe에 가기 전에는 조지아 오키프가 누구인지 전혀 몰랐다. 그곳에 가서 비로소 그녀가 미국의 유명한 모던이즘 화가임을 알았다.

샌타페이에 조지아 오키프의 미술관이 있다. 그녀의 미술관은 어도비로 지은 아담한 이층 건물이다. 이 미술관에는 130점 이상의 오키프의 걸작들이 전시되어 있고, 이층 구석에는 그녀의 남편인 사진작가 앨프레드 스티글라츠 Alfred Stieglitz(1864~1946)의 사진 작품도 전시되어있었다.

그녀는 미국의 대표적인 현대 화가이다. 태어나기는 위스콘신 주 선프레리 근처 농장에서 이며 시카고와 뉴욕에서 미술공부를 했다. 1916년 그녀의 소묘가 스티글리츠(24세 연상)의 눈에 띠어 알려지기 시작했다.

앨프레드 스티글라츠는 오키프를 만났을 때는 이미 유명한 사진작가였고 뉴욕에 전시실을 대여섯 군데 가져서, 그가 전시회를 할 때 오키프의 그림을 꼭 전시해주었다.

오키프의 그림은 1920년대 초에 개성적이고 창조적인 화풍이 나타나기 시작했다. 1970년 휘트니 미술관의 회고전은 그녀의 그림을 재조명하는 계기가 됐다. 대표작인 암소의 두개골, 적, 백, 청Cow's Skull, Red, White and Blue(1931)과 검은 붓꽃Black Iris(1926) 등에서 나타나듯 신비스러움과 암시를 던져주는 뼈와 꽃의 조합은 에로틱하면서도 상징적인 다양성을 준다고 평가된다.

뉴욕이나 워싱턴, 시카고와 보스턴의 유명한 미술관에서도 오키프의 그림이 자주 눈에 띄었다.

오키프는 1946년에 남편이 죽은 후 샌타페이 근교로 이사해서 죽을 때까지 살았다.

그녀는 일몰에 눈 덮인 산을 물들이는 붉은 빛에서 유래했다는 '크리스트의 피' 라는 뜻의 상그레 데 크리스트 산맥Sangre de Cristo Range과 리오그란데 강, 붉은 사암으로 조성된 신비스런 경치에 매료된 것 같았다.

이 거대한 산맥에는 4,011m의 휠러 피크wheeler pk13,161ft를 비롯한

10,000ft 넘는 고봉의 산들이 즐비하다. 고산지대인 만큼 눈이 많이 내려 유명한 스키장이 여럿 있다. 또한 건조하고 쾌적한 날씨 덕택에 여름 휴양지로 인기가 높다.

샌타페이 이외에 타오스와 아비퀴 같은 예술가들이 선호하는 작은 도시가 가까이에 있다. 폐병으로 요절한 영국의 소설가 D. H. 로렌스도 이곳에서 휴양을 했다는 기록이 있다.

조지아 오키프의 집은 정확히 샌타페이도 아니고 타오스도 아니고 아비퀴Abiquiu이다. 샌타페이에서 84도로를 타고 리오 그란데 강을 건너 리오 차마Rio Chama강과 작은 호수 사이에 조지아 오키프의 하우스가 있다. 오키프의 뮤지움과 같이 잘 보존되어 있다.

화가의 예술혼을 느낄 수 있는 좋은 기념관이었다.

미주리 강Missouri River, 오하이오 강Ohio River, 미시시피 강Mississippi River

강중에서 나는 미시시피 강을 가장 좋아한다. 미시시피 강은 미국의 중심을 흐르는 강이다. 이 강은 미국 31개 주와 캐나다 2개 주에 걸쳐 흐른다. 유역 면적River Basin은 2,981,076km² 이다. 유역면적 순위로는 세계에서 5번째로 큰 강이다. 상업수로로는 가장 많은 교통량을 자랑한다.

미시시피 강은 일리노이 강과 같이 5대 호의 하나인 미시간 호와 운하로 연결되어 있다.

세계 4대 강 중에서 아마존 강과 나일 강은 열대 우림지대와 사막지대를 흐르기 때문에 효용 가치가 떨어진다. 이에 비하여 미시시피 강과 양쯔 강은 온대와 평야지대, 국토의 중심을 흐르기 때문에 효용 가치가 상대적으로 높다. 이 두 강은 유출량은 양쯔 강이 30,166m³ /18,434m³ 로 더 많으나 유역면적은 미시시피 강이 2,981,076km² /1,808,500km² (양쯔 강)로 더 넓다.

어쨌든 두 강은 알짜배기 강이다.

미시시피 강은 미네소타 주 북부 이타스카 호 등 수많은 호수를 수원으로 하여 멕시코 만으로 흘러드는 강을 의미한다. 이 때 강의 길이는 3,734km이다. 또 어느 통계는 4,070km로 기록되어 있다.

미시시피 강은 하류에서 보면 하나의 나무를 연상한다. 가운데 줄기가 있고 왼편은 미주리 강, 아칸소 강, 래드 강의 큰 지류가 있고 오른쪽은 오하이오 강, 테네시 강, 일리노이 강의 큰 지류가 있다. 이 이외에도 나무의 잔가지 같은 수많은 지류와 계류들이 있다.

미시시피 강에서 가장 큰 지류인 미주리 강도 긴 강이다. 평균 유출량이 2,478m³ /s이다. 유역면적은 1,371,010km² 이다. 강의 길이는 3,767km(위키 백과 영어판)이다. 미주리강의 길이는 위키 한글판에는 4,130km로 기록하고 부리태니커 백과사전에는 3,725km이다.

이렇게 통계가 다른 것은 미주리 강의 시발을 일반적으로 제퍼슨 강, 메디슨 강, 갤러틴 강이 합류하는데서 보는 가, 더 상류인 제퍼슨 강의 원류에서 보는가에 따라 다른 것 같다. 또한 제퍼슨 강과 메디슨 강이 만나는 곳에서 보느냐 조금 하류인 갤러틴 강과 합류하는 지점에서 보느냐에 따라 다르다.

다시 말하면 이러한 기록의 차이는 강을 어느 부분부터 보느냐에 따라서 다르게 나온다. 강의 원류를 실개천부터 보는 견해도 있고 어느 정도의 수량으로 흘러야 강으로 보기 때문이다.

오하이오 강은 길이는 1,579km이지만 평균 유출량은 7,957m³ /s이며 유역면적은 490,601km² 이다. 원류는 펜실베이니아 주 앨리거니 타운쉽의 앨리게니 강에서 시작된다.

미주리 강은 미시시피 강과 세인트 루이스 북쪽에서 합류한다. 오하이오 강은 하류인 카이로에서 합류한다. 카이로Cairo 에서 오하이오 강의 유출량은 7,960m^3 /s이다. 카이로 조금 위쪽인 테베스Thebes에서의 미시시피강의 유출량은 5,897m^3 /s이다.

오하이오 강의 유출량은 7,960m^3 /s로 미주리 강의 유출량의 3.2배이다. 또한 미시시피 강과 미주리 강, 일리노이 강물을 합친 것보다 오하이오 강물이 2,063m^3 /s만큼 많다는 것이다. 길이가 반도 안 되는 오하이오 강의 수량이 많은 주된 이유는 강수량이다. 애팔래치아 산맥에 비가 많이 내리기 때문이다.

미시시피 강은 길이로는 미주리 강보다 짧다. 수량으로는 오하이오 강보다 적다. 그런데도 미시시피 강이라고 부르는 이유가 무엇인가. 나는 그 이유를 확실히는 모른다.

다만 짐작컨대 알콘킨 족 인디언들은 미시시피 강 중류를 '물의 아버지'(미시는 큰, 시피는 물)이라고 불렀다고 한다. 미시시피 강이 이 수계의 중심을 이루고 있다. 이래서 이 수계를 미시시피 강으로 부르는 것 같다.

또한 제퍼슨-미주리-미시시피 강 수계를 '미시시피 강' 이라고도 부르기도 한다. 이 수로는 길이가 6,270km로 세계에서 네 번째로 긴 강이다.

미국의 유명한 소설가 마크 트웨인의 불후의 명작 〈톰소여의 모험The Adventures of Tom Sawyer〉과 〈미시시피 강에서의 삶Life on the Mississippi〉등의 무대가 된 곳이다.

2010년 1월 초에 미시시피 주의 빅스버그Vicksburg에 도착했다. 미시시피 강을 배를 타고 내려가 보고 싶었기 때문이었다. 그러나 배를 타는 곳도 여행안내소도 찾지 못해서 포기하고 다시 남쪽으로 향했다.

미시시피 강은 대단했다. 강물은 흙탕물이었다. 강 양안에는 나무들이 무성하게 자라고 있었다. 도로에서 강물은 잘 보이지 않았다.

해가 질 무렵 내치즈에 도착 여관에 들었다. 내일 증기선을 타고 째즈의 고향 뉴올리언스까지 갈 것이다.

그러나 내치스에서도 증기선은 없었다. 강둑을 타고 차를 몰았다. 오른 쪽으로 비옥한 토지가 지평선을 이루고 있었다.

미시시피 강은 부채 살처럼 퍼져서 바다로 흘러들어가는 것으로 지도에 나와 있다. 바다와 만나는 강이 보고 싶었다. 하구에는 베니스 라는 작은 마을이 있다. 우선 그곳까지 승용차를 타고 가기로 했다.

철교 같은 미시시피 강의 다리를 건너 울렁거리는 가슴을 진정시키면서 하구로 하구로 차를 몰았다. 홍학 두 마리가 강 건너에서 먹이를 찾고 있었다.

베니스에 도착했을 때

> Welcome Gateway to the Gulf
> You have reached the southernmost point in Louisiana

베니스 다음에는 파일롯타운pilottown이 있지만 통제구역이었다. 하구에는 많은 호수와 물웅덩이가 있었고 물새들이 참 많았다. 무슨 공장인지 잘 모르지만 공장도 많았다. 큰 강이라 부채살같은 하구는 볼 수 없었다. 비행기를 타지 않고는 불가능할 것 같았다.

땅에는 쑥과 엉겅퀴들이 푸르렀고 갈대들은 내 키의 두 배는 되는 것 같았다. 관광객은 우리이외에는 한 사람도 없었다. 불현듯 두려운 생각이 들어 차에 앉아서 좀 쉬다가 돌아왔다.

나이아가라 폭포와 이과수 폭포

세계 3대 폭포 중에 이과수 폭포와 나이아가라 폭포를 관광했다. 아프리카 주에 있는 빅토리아 폭포는 아직 탐방하지 못했다. 참고삼아 삼대 폭포의 규모를 살펴보았다.

폭포명	강	높이	폭포수	폭	수량
나이아가라Niagara Falls	나이아가라 Niagara	52m	3	1,110m	1,833㎥/s
이과수 Iguassu Falls	이과수 Iguassu	60-82m	275	2,700m	1,756㎥/s
빅토리아 Victoria Falls	잠베지 Zembezi	108m	1	1,708	1,088㎥/s

그 규모가 어마어마하지 않은가! 이 3 폭포의 등수를 매기는 것은 넌센스이겠지만 구태여 말하라면 이과수 폭포가 제일이라고 말하고 싶다. 우선 폭포의 개수가 많고 폭이 넓다. 낙차도 높은 편이다.

나이아가라 폭포를 관광한 것은 2009년 9월 15일이었다. 비교적 청명한 가을날이었다. 그곳에 도착한 것은 그림자가 짧아지는 정오경이었다. 점심을 대충 떼우고 출입구에서 표를 끊고 들어갔다. 비옷과 고무 샌들을 주어 구두와 바꾸어 신었다. 먼저 유람선부터 타기로 했다. 긴 줄이 관광객의 숫자를 말해주었다.

나이아가라 폭포는 이리 호에서 흘러나온 나이아가라 강이 온타리오 호로 들어가는 도중에 형성된 폭포이다. 줄을 따라 선착장으로 갔다. 생각보다 작은 배가 우리를 기다리고 있었다.

많은 사람을 싣고 배는 폭포 쪽으로 접근했다. 강물은 하늘빛 보다 더 푸르렀다. 모두들 웅장한 경치에 압도되어 탄성을 질렀다. 관광객은 앞 다투어 플래시를 터트렸다. 정말로 경이 그것이었다. 캐나다 쪽 폭포에 접근했을 때 우리는 물 병풍에 휩싸여있다고 생각했다. 소라는 이런 경우에 문학적인 표현을 잘한다. 나는 시 한 편을 썼다.

물소리만 들어도 뿅 가는
소라는 나이아가라의 물소리에
그만 무당이 되어
도끼날 위에서 춤을 춘다.
물 병풍에 갇혀있을 때

그녀는 뛰어내리겠다고 안달을 했다
간신히 벗어난 순간도 잠깐
쌍무지개 뜨는 바람의 동굴에 가서는
비옷을 뒤집어쓰더니
무지개를 좇는 열여덟 소녀가 되어
폭포와 같이 뛰어내리려고 한다
무심한 나이아가라는 사람의 마음을 알 턱이 없어
억만년을 두고 오늘도 그저 뛰어내린다.

다음은 영화관에 가서 나이아가라 폭포에 관한 영화까지 보고 그곳 관광을 마쳤다.

브라질 쪽 이과수 폭포를 본 날은 2010년 3월 17일이고 아르헨티나 쪽 이과수를 본 것은 이틀 후인 3월 19과 20일이었다.

브라질과 아르헨티나의 여름은 12~3월까지이다. 그러니까 여름의 끝자락에 이과수 폭포에 간 것이다.

작열하는 태양볕이 무지하게 뜨거웠다.

브라질 이과수 폭포 투어는 택시를 타고 국립공원정문까지 갔다. 택시는 오후 6시에 다시 오기로 했다. 입장료는 한사람에 37레알 인데 하루만 볼 수 있단다.

티켓을 끊고 기다리니까 공원의 버스가 곧 와서 우리는 이층에 탔다. 버스는 녹음을 뚫고 달렸다. 짙은 정글이 이어졌다. 대나무 숲들이 자주 눈에 띄었다. 20분 정도 달린 후 내려주었다. 산책로를 따라 천천히 강쪽으로 갔다. 우렁찬 물소리가 들렸다. 강물이 보였다. 여름이라 비가 자주 내려서인지 강물이 많은 것은 좋았으나 흙탕물이었다. 벤치에 앉아 잠시 쉬면서 간식을 먹는데, 한 때의 오소리 무리가 나타났다. 사람을 전혀 두려워하지 않았다.

드디어 폭포가 보였다. 엘리베이터를 타고 강변까지 내려가 철 탐방로를 조심스럽게 밟으며 강심으로 갔다. 그 앞에 세계 최고의 폭포가 있었다. 정면으로 커다란 폭포와 왼쪽의 약간 작은 폭포도 바로 눈앞으로 엄청난 물을 쏟아내고 있었다. 브라질 쪽의 이과수 폭포는 아래에서 위로 보는 것이었다. 관광객들이 많았다. 낙차도 크고 수량도 많았다. 보는 곳마다 무지개가 돋았다. 무지개는 선명했다. 사진을 많이 찍었으나 물방울이 렌즈에 튕겨 잘 나올지 모르겠다.

국경을 넘어 아르헨티나의 푸에르토이과수로 갔다. 국경을 넘는 데 어려움이 전혀 없었다. 브라질 쪽 포스트이과수에 비해 푸에르토이과수는 시골 같았다. 숙소를 정하고 오후에 폭포에 갔다. 악마의 목구멍은 아르헨티나 쪽에서 보기가 좋다고 했다.

주인집에서 환전을 하고 아르헨티나 이과수 국립공원으로 버스를 타고 갔다. 입구에서 표를 사고 내일 할 보트투어 표도 사두었다. 도합 370페소이었다. 돌아올 버스표도 구입했다. 아르헨티나 이과수국립공원에서는 기차를 타기로 되어 있었다. 브라질 쪽보다 훨씬 낭만적이었다.

기차를 타러 가는 도중에 한떼의 한국인을 만났다. 참 반가웠다. 서로 격려하고 무사 귀국을 빌었다.

많은 관광객들과 같이 관광열차를 탔다. 열차가 주는 여정! 브라질은 상업적이고 아르헨티나는 관광을 위한 배려가 느껴졌다. 오늘은 '악마의 목구멍'을 가까이서 볼 것이다.

두 번 째 역에서 내려 나무로 만든 튼튼한 탐방로를 걸었다. 동양인들도 눈에 띄었고 한국말도 간간히 들렸다. 수없는 나비들이 우리를 반겨주었다. 울창한 숲은 공기를 맑게 해주었다. 여러 갈래의 작은 강을 건너 메인 폭포가 나타났다. 영화 〈미션〉을 찍은 나무다리는 장마에 파괴되어 갈 수 없었다. 바로 눈앞에서 거대한 량의 물이 쏟아졌다.

바로 악마의 목구멍이었다. 275개의 폭포 가운데서 가장 큰 폭포이다. 높이가 82m이라는 데 아래 10m는 물속에 잠겨 볼 수 없다고 했다. 수없이 많은 무지개가 돋았다가 살아지곤 했다. 나이아가라 폭포에서는 소라가, 이과수에서는 우리 둘이 폭포 속으로 뛰어내리고 싶었다.

관광객들은 저마다 손에 카메라를 들고 사진을 찍었다. 소라도 비디오로 그 어마어마한 광경을 훑었다.

다시 기차를 타고 입구로 돌아와 늦은 점심을 먹고 숙소로 돌아왔다.

이튿날은 구름이 끼었다. 오늘 국립공원 입장료는 어제의 반 정도이다. 둘이 90페소를 주었다. 어제 탄 기차를 타고 첫 번 째 역에서 내렸다. 보트투어장으로 가기 위해서이다. 걱정하던 비가 내렸다. 어제 보트투어를 안 한 것이 후회되었다. 이미 지나간 일이다. 비옷을 꺼내 입고 빗속을 걸었다. 우중이지만 관광객이 참 많았다. 카메라를 보호하기 위해서 비닐주머니에 넣었다. 공원은 무척 넓었다. 우리는 어퍼 투어upper tour길을 먼저 가고 바로 로워 투어lower tour길로 해서 수많은 폭포와 마주치며 길을 걸었다. 하나하나 다 아름다운 경치이었다. 물과 바위와 수목이 조성하는 아름다움은 미의 극치가 아닐까! 하는 생각을 하는데 뒤에서 소라가 비명을 질렀다. 놀라 '왜 그러느냐?' 고 물었더니 내 발꿈치 뒤로 커다란 뱀이 지나갔다는 것이었다. 탐방로 위로 뱀이 올라 오다니! 밟았으면 어떻게 되었을까? 나는 샌달을 신고 있었는데, 몸이 오싹했다. 운이 좋았다.

비는 여전히 내렸다.

목적지에 도착했다. 혹시 비 때문에 보트투어가 중단되면 어쩌나 하는 걱정이 앞섰는데 다행히도 계속한단다. 안내인이 승선장으로 내려가라고 해서 조급히 내려갔다. 20여대의 배들이 황토 빛 강물에 떠있었다. 보기에도 스릴이 있을 것 같았다. 이내 구명조끼를 입고 그 위에다 비옷을 입고 배낭은 튼튼한 비닐자루에 넣고 승선했다. 승선 시간은 12-13분이란다. 엔진을 장착한 작은 고무보트이었다. 배에 몸을 묶는 끈도 없었다. 20여명 쯤 승선하자 배가 천천히 달리더니 점점 가속을 내며 작은 폭포 속으로 돌진했다. 많은 양의 물이 머리위로 쏟아졌다. 머리를 얻어맞아 순간 멍해졌다. 관광객들은 연신 탄성을 질렀다. 배는 다시 나와 한 바퀴 선회하더니 그 보다 좀 큰 폭포 속으로 돌진했다. 더 많은 양의 물이 머리를 내리쳤다. 안경이 벗어졌다. 안경을 호주머니에 넣었다. 그리고 연속해서 사진을 찍었다. 그 다음은 가장 큰 폭포로 돌진하는 것이었다. 모험에 대한 기대가 충만했으나 폭포 깊숙이 들어가지는 안했다. 스릴 만점이었다. 폭포 깊숙이 들어갔다면, 아무리 고무보트지만 배가 전복되었을 것이다. 시간이 순식간에 지나갔다. 탑승객들은 죽음을 잊은듯 했다.

나이아가라의 보트투어와는 질적으로 달랐다. 사람들은 전혀 두려워하지 않는 것 같았다. 우리 둘도 전혀 두려워하지 않았다. 보트투어를 마친 모든 관광객들은 만족하는 표정이었다.

돌아오는 길도 4시간이 소요되었다. 아직도 비는 내렸지만 많은 양은 아니었다.

남미에 가다

멕시코 최고의 휴양 도시, 깐꾼에서 3일 쉬고 남미 리오데 자네이로에 가기로 했다. 우리가 12개월 미국과 멕시코를 여행하면서 깐꾼에서처럼 사치스럽게 지낸 곳은 없었다. 깐꾼은 아홉 색 바닷물이 아름다운 휴양지이다.

일 년여 여행도중 싼 여관이나 여인숙만 찾았는데 깐꾼에서는 별 다섯짜리 호텔에 들어갔다. 아침 식사도 잘 나왔고 바다가 보이는 방이었다.

브라질의 리오데 자네이로 행 비행기를 탔다. 그런데 이게 웬일인가 휴스턴으로 돌아가서 승객을 싣고 리오로 간단다. 이럴 줄 미리 알았더라면 쿠바로 해서 남미에 갈 걸 잘 못했다는 생각이 들었다. 쿠바는 비자를 내야하고 해서 귀찮아서 여행계획에서 뺐더니 후회가 막심했다.

휴스턴에 가는 비행기는 소형 비행기이었다. 멕시코에 올 때는 더 작은 비행기이었다. 어째서 이웃나라끼리 왕래가 이렇게 적을까 의심이 갔다. 미국이 제일 싫어하는 마약 때문인가?

브라질은 남미에서 포르투갈어를 사용하는 유일한 국가이다. 포르투갈어는 우리 둘 다 백지이다. 언어 능력이 뛰어난 소라는 비행기를 기다리면서 브라질 청년에게 간단한 말과 단어를 물어 노트에 적었다.

휴스턴에서 큰 비행기로 갈아타고 리오로 향해서 떠났다. 남미는 또 북미와 달리 생소한 곳이다. 브라질과 아르헨티나에서 40일, 칠레에서 25일, 볼리비아에서 25일, 페루에서 30일, 에콰도르에서 일주일 여행할 생각이다.

휴수턴에서 리오는 10시간이 걸렸다.

비행기에서 바라본 남미는 구름의 바다이었다. 도시나 촌락의 전등불 하나 보이지 않았다. 아마존 유역을 지날 때도 마찬가지이었다. 새벽에 리오 데 자네이로에 도착했다.

16레알을 주고 공항버스를 타고 시내로 갔다. 다행히도 기사가 여관 앞에 세워주어서 쉽게 갈 수 있었다.

세계 삼대 미항의 하나인 리오가 얼마나 아름다울까? 기대가 컸다.

이제 고달픈 여행길이 다시 시작되었다.

사실 남미는 소라가 하도 원해서 따라온 곳이다.

지상화(Geoglyph) 이야기 1
핀따도스Pintados 지상화

지상화는 남미의 사막, 주로 칠레의 북서부와 페루의 남서부 지방에서 발견된다. 지상화란 산이나 언덕 평원에 흙을 파거나, 화산 석을 늘어놓아 그린 그림이다.

따라서 지상화는 Rock Art에 차별해서 Land Art라고도 한다.

문헌을 찾아보았더니 지상화는 남미에서만 발견되는 것이 아니고 미국의 서부에 있는 사막지대인 The Great Basin Desert에서도 발견되고 오스트리아 남부와 서쪽 오스트리아에서도 발견 된다고 한다.

최근에는 브라질의 열대우림지역에서도 발견되었다고 하니 지구의 도처에 있는 것 같다. 물론 그곳의 지상화는 흙으로 만든earth mound 지상화 인 셈이다.

지상화로 유명한 것은 두말할 필요 없이 페루의 나스카 지상화이다. 아직 그곳에는 가보지 못했기 때문에, 내가 칠레에서 본 지상화에 대하여 이야기하겠다.

먼저 핀따도스의 지상화 Geoglyph of Pintados를 이야기해야겠다.

핀따도스 지상화는 칠레의 북부 태평양 연안의 항구 노시, 이귀게 Iquique에서 남쪽으로 96km 지점에 있는 광활한 염호鹽湖로, 그 동쪽 산들에 400개 이상의 지상화가 빽빽하게 그려져 있었다. 그곳에 올라갈 수는 없고 산 밑에서 보았다. 산 밑에서 보아도 육안으로 잘 보였다.

지상화는 여러 모형을 그려놓았다. 라마나 비쿠냐 같은 동물, 콘도르와 같은 새, 사람과 기하학적인 문양, 태양과 달 등 초월적이고 추상적인 것이었다.

또 우니타스 언덕 Cerro Unitas 에는 신장 85m의 아타카마의 거인 Gigante del Atacama의 지상화도 있었다. 그 지상화를 보았을 때는 입이 딱 벌어졌다.

이키케에서 더 북쪽에 있는 항구 도시 아리카 Arica 부근에도 지상화가 남아 있는데, 아리카의 민둥산의 지상화는 AD1000~1400년에 걸쳐 만들어 진 것으로 추정하며 마찬가지로 라마와 비쿠냐 같은 동물, 인간, 소용돌이 등이 그려져 있었다.

그 다음 날은 아사파 계곡Valle de Azapa에 있는 고고학박물관과 지상화 투어를 했는데, 낮은 산등성이에 올라갔다. 포도밭이 즐비한 골짜기 건너편에 지상화가 있었다. 그 골짜기는 40년 전에야, 농장이 조성되었다고 한다.

지상화는 큰 샤만이 작은 샤만 머리위에 손을 얹고 있고, 머리 윗부분에는 뱀이 두 마리 가로로 그려져 있고, 오른쪽으로는 정사각형이 6개 있는데, 이 마을로 오면서 거쳐서 온 여섯 지역을 표시한다고 한다. 그 오른 쪽에는 남자와 여자의 그림이 있고, 남자 여자 가운데에는 아기 그림, 아기 아래는 둥근 원인데 바로 태양, 즉 생명이란다. 이 지상화는 종합적으로 판단해 볼 때 물에 대한 간절한 염원이라고 안내인은 말했었다.

그래서 그랬는지 40년 전에야, 바로 그 반대편 작은 산에서 커다란 물줄기가 발견되는 기적이 일어났다는 것이었다. 수맥이 발견되자 모래밭이 옥토로 변해서 포도원이 됐다고 한다. 그래서 이 지상화가 신성시되고 있다고 안내인은 말햇다.

꽃이 만개한 과수원의 꽃에 벌새들이 여러 마리가 꿀을 찾아 날고 있었다.

지상화Geoglifos 이야기2
나스카 라인Nasca Lines

칠레의 삔따도스Pintados 지상화를 구경한 후, 지상화에 대한 관심이 부쩍 늘었다. 인간은 왜 후세에 무언가를 남기려하는가? 문자가 있는 지금은 물론이고 문자가 없던 옛날에도 마찬가지였다. 그림은 문자보다도 훨씬 먼저 발달했다.

자연히 페루의 나스카 지상화가 보고 싶어졌다. 그러나 페루의 여행은 한 달이십일 이후에나 이루어질 전망이다.

칠레의 서북쪽에 있는 산 뻬드로 데 아따까마San Pedro de Atacama에서 한 10여일 보낸 다음 아르헨티나 국경을 넘어 살타와 후후이에서 5일을 보내고 볼리비아에 갈 계획이다. 볼리비아에서는 한 달을 관광할 것이다. 그 후에 페루에 간다. 페루에 가서도 푸노와 아리키파를 거쳐 라스카에 가기로 했다. 우리의 여행은 쿠스코에서 6월 24에 열리는 인티 라이미Inti Raymi(Festival of the Sun)에 촛점이 맞추어져있다.

물론 나스카 여행은 쿠스코에 가기 바로 전에 이루어 질 것이다. 나스카의 여행은 지상화 이외에는 별로 볼 것이 없어서 하루만으로도 족하다고 생각했다.

인티 라이미는 브라질의 리오 카니발과 볼리비아의 오루로 축제와 더불어 남미 3대 축제 중 하나이다.

야간버스를 타고 아침 일찍 나스카 터미널에 도착했다. 버스 정류장은 국제적인 관광지 치고는 너무 초라했다. 마침 투어회사에서 안내인이 우리 둘을 마중했다.

곧바로 나스카의 지상화를 투어 할 수 있는 비행장으로 안내되었다. 그곳에서 수속을 밟고 잠시 기다렸다. 오래 동안 중남미 도처에서 볼 수 없었던 일본 관광객이 의외로 많았다. 사오 인 밖에 탈 수 없는 작은 경비행기 수 십 대가 활주로에 대기하고 있었다.

나스카의 지상화는 비밀과 신비로 가득 차있다.

나스카의 지상화는 나스카와 팔파Nasca and Palpa 평원과 인헤니오 사막 Ingenio Desert 등에 30개의 거대한 동식물 그림과 수백 미터나 쭉 뻗은 그림으로 구성되어 있고 해석 불능의 선이 300개가 넘는다

지상화는 훼손을 막기 위해서 비행기를 타거나 멀리 떨어져서 봐야한다.

나스카의 지상화는 미국의 과학자 폴 코소크Paul Kosok의 발견과 그의 뒤를 이어 나스카 연구에 반생을 바친 마리아 라이헤Maria Reiche의 연구에 의해서 일부가 밝혀졌을 뿐 아직도 수수께끼로 남아있다.

지상화는 300BC~800AD 경에 그려졌다고 추측한다. 루인ruins의 가운데로 판 아메리칸 하이웨이Pan-American Highway가 지나가고 있어, 이 역사적인 유적에 흠집을 낸 것은 가슴 아픈 일이었다.

마리아 라이헤는 지상화가 나스카 사람들의 달력이라고 풀이하고 있다. 선은 태양, 달, 별의 궤도를 나타내고, 그림은 나스카 문화의 신이었던 성좌를 의미한다는 것이다.

이밖에 지상화의 수수께끼를 풀려는 학설들이 여럿 있다. 열기구 이용설, 조인鳥人설, 우주비행사설 등.

투어회사 유리창에는 지상화에 있는 그림이 많이 새겨져있었다. 얼마를 기다린 후에 우리는 비행기를 탔다. 조종사와 안내인이 타고 있었다. 조종사 바로 뒷 좌석에 우리가 앉고 우리 뒤로 젊은 백인 연인들이 탔다. 15분간의 비행이란다. 다행히도 날씨가 아주 좋았다. 해안지대에 흔한 안개도 끼지 않았다. 비행기는 곧 이륙했고, 느리게 낮게 비행했다. 영어로 해설해주면서 잘 보도록 날개를 기울여주기도 하고 다시 반복해서 그

지역을 되풀이해서 돌아주었지만 사진을 찍기가 바빴고 잘 보이지도 않았다. 또한 수많은 빗물자국이 거미줄처럼 얽혀서 어느 것이 지상화의 선인가 확인하기조차 어려웠다. 그러나 미리 그림을 보고 갔기에 안내인의 설명으로 몇 개는 뚜렷하게 볼 수 있었다.

이렇게 짧은 시간에 그것을 다 알아본다는 것은 불가능할 것 같았다.

우리는 이 유명한 곳에 와본 것으로 만족, 문헌을 통해서 더 알아보기로 하고 나스카를 떠났다.

* 투어회사 유리창에 있는 지상화: 달Sun and Moon, 나선형Spiral, 부채Fan or Seashall, 벌새Humming Bird, 꽃Flower, 군함새Frigate=열대지방산의 거대한 맹조 새Bird, 여섯 개의 발을 단 새머리Bird Head with six feet, 나무Tree, 거미Spider, 손Hands, 콘도르Condor, 원숭이Monkey, 개Dog or Fox, 우주비행사 the owl head man or astronaut, 고래Whale, 물고기Fish, 삼각주Delta, 플라밍고Flamingo, 귀신 새Frigate Bird, 도마뱀Iguana or Lizard, 앵무새Parrot 등.

지상화 이야기 3 –마리아 라이헤의 미라도르Mirador

마리아 라이헤의 미라도르(스페인어로 전망대. 망루)에 얽힌 이야기를 하겠다.

조상들이 유적을 만든 것도 중요하지만 그 빛나는 유적들을 보존 발굴 연구하는 것도 중요하다. 인류의 문화유산은 후대에 물려주는 산 교육장이기 때문이다.

나스카 지상화야 말로 마리아 라이헤에 의해서 제2의 탄생을 했다.

마리아는 독일 여자이지만 반평생을 나스카 라인에 받친 학자이다. 반평생이란 이야기는 1932년 29세에 페루에 건너가서 결혼도하지 않고 혼자 죽을 때까지 오로지 나스카 라인을 연구하고 보호하는데 바쳤다.

나스카의 지상화는 스페인의 침입 후 주민들이 군대에 의하여 살해당하거나 전염병으로 죽어서 그 비밀을 전할 사람은 하나도 없었다. 한 참 후에 안데스 산맥의 고산지대에서 살던 인디오들이 내려와 살았으나 전통과 관습이 달라 나스카 라인에 대하여는 무지했고 무관심이었다.

이 잠자고 있던 인류유산은 나스카 지상화 위로 항공로가 개설되면서 점차 나스카 라인에 대한 소문이 나돌고 해서, 뉴욕의 롱아일랜드 대학의 폴 코소크Paul Kosok 교수가 1941년 나스카에 갔다. 고대의 관계시설을 전공했을 뿐 아니라 고대 남미 문화의 천문학을 연구한 그는 나스카 지상화를 보고는 세계 최대의 천문 캘린더라는 확신을 가졌다. 그러나 그러한 가설은 반드시 증명을 해야 했다.

마리아는 1903. 5. 15일 드레스텐에서 태어났다. 아버지는 지방법원 판사였으나 1차 대전 때인 1916년에 전사했고 어머니는 대학에서 영문학을 전공했으나 결혼 때문에 졸업은 하지 못했다.

마리아는 드레스텐 공과대학에서 수학과 철학을 공부했고, 졸업 후 몇 군데 사립학교에서 근무했으나 임시직이었다. 세계 경제 공항으로 취업난이 심각했기 때문이었다.

그녀는 신문에서 페루 쿠스코에 거주하고 있던 독일 영사의 자녀들을 가르칠 독일인 가정교사를 구한다는 광고를 보고 지원하여 1932년에 대서양을 건너갔다.

마리아는 1941년 폴 코스크를 알게 되어 그의 저서를 스페인어로 번역하는 일을 했다. 폴은 그녀에게 나스카 지상화에 대한 이야기를 많이 했고 마리아도 지상화에 점점 빠져들기 시작했다. 다른 일로 바쁜 폴은 그녀에게 나스카에 남아서 지상화 연구를 계속해줄 것을 부탁했다.

리마에 살던 마리아는 1941년 12월에 처음 나스카에 갔다. 하지만 대전 중이고 마리아가 독일인이라 리마를 떠날 수가 없어 세계대전이 끝난 1946년에야 나스카에 이주했다. 그때 처음으로 거미그림을 발견했고 그것을 계기로 나스카 라인의 연구에 몰입했다. 1953년에 79세 마리아의 어머니가 딸을 만나러 배를 타고 페루에 갔다. 17년만의 모녀상봉이었다고 한다.

허허벌판의 사막에서 아무 도움도 없이 연구에 몰두한다는 것은 이만저만의 고생이 아니었다. 그녀에게는 차도 없어 웬만한 곳은 걸어 다녔고 식사는 바나나와 호두 약간으로 해결했으며 집은 '아시엔다 산 파블로'에서 살았다. 헛간이나 다름없는 그 집은 영국인의 소유였는데 여자가 혼자 머물 집이 아니라는 것을 여러 번 간청, 공짜로 얻어 25년간을 살았다.

1955년 어느 날, 토지 측량 기사들이 지프차를 타고 나스카 지상화에 나타나서 측량을 시작했다. 사막에 관개시설을 할 목적이었다. 아마존 상류의 강물을 터널을 뚫어 이 사막지대를 옥토로 만들겠다는 거대한 프로젝트이었다. 마리아는 이 불가사의하고 위대한 문화유산이 실종될 위기에 처한 것을 보고만 있을 수 없었다.

마리아는 신문의 기고와 기자회견을 통하여 세계 초유의 천문 달력을 망가트리는 것은 절대 있을 수 없는 일이라고 끈질기게 싸웠다. 정부당국자와 면담도 여러 번 했다. 반대편의 의견도 만만치 않았다. 그곳의 원주민은 미개한 종족이라 세계 최대의 천문 달력을 가질 수가 없으므로 그 이론은 미친 독일 여자의 망상에 지나지 않는다는 것이었다.

문화 인식이 부족한 국민일수록 문화의 가치를 모르는 법이다. 그러나 차츰 마리아에 동조하는 사람들이 불어났다. 그 프로젝트는 국회에서 가까스로 부결되었다.

이번에는 관광객들이 문제이었다. 나스카 라인이 점점 알려지면서 여행객들이 무리를 지어 몰려왔다. 그들은 사막으로 차를 몰고 들어가서 지상화를 망가트렸다.

이를 보고 마리아는 판 아메리카 하이웨이 바로 옆에다 미라도르를 세우기로 결심했다. 방문객들이 그 위로 올라가 지상화를 관찰할 수 있는 탑을 세우기로 한 것이었다. 그리고 감시인을 자비로 고용했다.

막대한 비용은 의사인 마리아의 여동생 레나테가 희사를 했고 마리아 자신의 저축금으로 충당했다. 탑을 세울 때도 돈뿐만 아니라 많은 난관을 극복해야했다. 첫째는 허가였다. 관료주의의 벽을 넘기가 여간 어려운 것이 아니었다. 다음은 제작과 운반인데 20m의 철탑을 운반하는데 전혀 예상치 못한 난관에 부닥쳤다는 것이었다. 나스카에서 멀리 떨어진 피스코에서 싣고 오는데 산타 크루스 부근의 터널에 끼어서 꼼작할 수가 없어 하루 종일 길이 막히는 불상사가 일어났다. 여러 사람의 도움으로 탑을 빼냈으나, 뾰쪽한 수가 없었다. 하는 수 없이 헬리콥터를 동원해서 가까스로 가져왔다고 한다.

우리는 그 탑에 올라가 보았다. 탑 위에서 그림과 선뿐만 아니라 무수히 많은 차들이 남긴 파괴 흔적까지 볼 수 있었다. 아 이곳을 마리아는 관광객들의 교육장으로 활용했구나 하는 생각이 들었다.

이렇게 해서 한 학자의 희생과 집념으로 지금의 나스카 라인이 보존되고 연구되었다. 이 미라도르는 마리아 라이헤의 상징 같았다. 그녀는 죽고 없으나 이 탑으로 남아 지금도 이 신비스런 유적을 지키고 있었다.

마리아 라이헤 박물관

외국을 돌아다니다 보면 박물관이 많다. 별의별 박물관이 다 있다. 돈을 받는 곳도 있고 무료인 곳도 많다.

세 줄의 짧은 약력으로 그녀의 삶을 요약할 수는 없을 것이다. 어제 저녁 처음으로 나는 그녀에 대해 알게 되었다. 서점에서 사 든 한 권의 책을 통해 그녀의 삶을 알게 되었고, 참으로 오랫만에 가슴이 뜨거워지는 것을 느낄 수 있었다.

마리아 라이헤는 95년이라는 긴 삶 중 3분의 2 이상을 페루에 있는 나스카 대평원을 지키고 연구하는데 바쳤으며, 바로 그곳에서 삶을 마쳤다. 그녀는 1930년대 말부터 나스카 대평원의 연구에 몰두했으며, 그것이 그녀의 평생의 업이 될 것임을 직감했다고 한다. 그녀는 나스카에서 26년간 거의 극빈층에 가까운 생활을 하면서도, 나스카 대평원의 그 거대한 문양과 상징들을 자신의 손으로 직접 측량하고 도면에 옮기며 그러한 문양과 상징의 연구 작업을 했으며, 나스카 대평원의 아름다움과 소중함, 그리고 그 가치를 전 세계에 알리는데 혼신의 힘을 다했다. 이러한 그녀의 노력에 감동한 페루 정부는 1979년부터 나스카에 있는 국립 호텔을 평생 무료로 이용할 수 있는 혜택을 그녀에게 주었다고 한다. 이후에도 그녀는 수많은 훈장과 포상을 페루정부로부터 받게 된다.

내게 가장 감동적인 대목은 그녀가 1955년 페루 정부의 나스카 대평원 관개계획을 무산시킨 이야기였다. 당시 페루 정부는 안데스 산맥 동쪽의 아마존 강의 물을 끌어와 나스카 대평원에 관개하려는 계획을 세웠는데, 그녀는 그녀가 할 수 있는 모든 수단을 동원하여 그 계획을 실행 직전에 무산시켰다. 만약, 그 당시에 그러한 계획이 실행되었다면, 인류의 가장 소중한 문화유산 중의 하나인 나스카 대평원은 저 역사 속으로 수장되고 말았을 것이다. 한 인간의 노력과 열정이 얼마나 위대할 수 있는가를 느낄 수 있는 대목이었다.

마리아 라이헤가 확실히 나스카 대평원에 미쳤다고 볼 수 있는 이야기가 또 있다. 그녀는 나스카 대평원의 그 수많은 문양과 상징을 가장 잘 촬영하기 위해, 헬기 아랫 부분의 착륙대에 널판지를 놓고서 그 곳에 올라서서 몸을 헬기에 묶은 채 수직 방향으로 나스카 대평원을 촬영했다고 한다. 그러한 그녀를 찍은 사진을 보면서 할 말이 없어지는 것이었다. 즉, 그녀의 몸이 완전히 헬기 밖에 있었던 셈인데, 그 당시의 나이가 이미 50이 넘었을 때였다고 한다. 사실 사진측량학에 대해 조금이라도 아는 사람이라면, 연직방향에서 찍은 사진의 가치가 얼마나 대단한 것인지를 잘 안다. 그녀는 정밀기기가 제공되지 않은 상황에서 그러한 연직사진을 찍기 위해 그러한 모험을 했던 것이다.

현재 페루의 나스카 대평원은 차량은 물론 사람의 출입조차도 엄격히 통제되고 있는 실정이다. 하지만, 지난 98년엔가 한국의 한 광고회사가 그곳에서 광고를 촬영하며 나스카 대평원을 손상시킨 일이 있었다. 나도 그 기사를 신문을 통해 읽은 기억이 난다. 그 당시가 라이헤여사가 살아 있을 당시였다면, 그녀의 반응은 어떠했을까하는 두려움이 몰려온다. 나스카 대평원을 손상시키지 않기 위해 연구자들은 예민한 곳을 지날 때는 널빤지를 깔고서 움직일 정도라는데 말이다.

오랫만에 참 감동적인 책을 읽었고, 그래서인지 창 밖의 푸른 하늘만큼이나 기분이 좋은 하루다.

북중남미여행일기4

메일과수필

2015년 4월 20일 인쇄
2015년 4월 24일 발행

지 은 이 배인환
발 행 인 정해석
디 자 인 오다영

펴 낸 곳 애드파워
출판등록 2007년 9월 18일 [제 25 호]
주　　소 대전시 유성구 대학로 227
전자우편 addoffice@addpower.co.kr

대표전화 042-862-9607
팩　　스 042-862-4510

값 10,000